DAS RUSSISCHE ZARENREICH

Eine fotografische Reise

1855–1918

А БАБАКИНА

DAS RUSSISCHE ZARENREICH

Eine fotografische Reise 1855–1918

Herausgegeben von
Philipp Blom und Veronica Buckley

Bildauswahl und Gestaltung von Philipp Blom,
Christian Brandstätter und Veronica Buckley

Mit 362 Abbildungen nach Fotografien von
Leonid Andrejew, Carl Bulla, William Carrick, Roger Fenton, Murray Howe,
George Kennan, Sergei Prokudin-Gorski u.a.

Christian Brandstätter Verlag · Wien – München

Inhalt

Die Größe des Reiches · 12

Einleitung

Bilder aus einer untergegangenen Welt · 14

Sankt Petersburg · 22

„Ich liebe dich, Schöpfung Peters
Deine gestrenge, einheitliche Pracht.“

Der Nordwesten · 56

„Mit den Fischern pflegte ich Freundschaft,
Hörte aufmerksam zu, wenn vom Meer sie erzählten.“

Der Westen · 88

„Die Mutter der russischen Städte ist Kiew.“

Der Südwesten · 104

„Wie ein süßes Lied meines Vaterlandes
Liebe ich den Kaukasus.“

Russisches Zentralasien · 138

„Die Namen blühender Städte mögen weiter
Dein Ohr liebkosen."

Der Ferne Osten · 154

„Es war das kindische Regime, unter dem wir
seit Jahren gelebt hatten, nicht die russische Armee,
das geschlagen worden war."

Sibirien · 164

„Nur der leidenschaftliche Wunsch nach neuem Leben
ließ mich noch hoffen."

Der Ural · 176

„Eine Arbeiterklasse?
Ich kenne eine solche Klasse in Rußland nicht."

Moskau und Umgebung · 200

„Wer sich einmal an Moskau gewöhnt hat,
der fährt nie wieder von hier fort."

Anhang

Die Fotografen 244 · Die Autoren 244 ·
Literarische Quellen 247 · Bildnachweis, Impressum &
Dank 248

Ich liebe das Vaterland,
aber mit einer seltsamen Liebe! …
Ich liebe – weshalb, weiß ich selbst nicht –
seiner Steppen kaltes Schweigen,
seiner uferlosen Wälder sanfte Bewegung,
die Hochwasser seiner Flüsse, die Meeren
ähneln;

Ich liebe es, auf einem Feldweg
in einem Fuhrwerk geschüttelt
dahinzufahren …
und den flimmernden Lichtern der traurigen
Dörfer zu begegnen;
Ich liebe den Rauch des abgebrannten
Stoppelfeldes,
den in der Steppe übernachtenden
Wagenzug
und auf dem Hügel inmitten der gelben
Flur das Paar weiß schimmernder Birken.

Mit einer Freude, die vielen
unbekannt ist,
sehe ich die volle Tenne,
die strohbedeckte Hütte,
das Fenster mit den geschnitzten
Fensterläden;
Und am Feiertag, am tauigen Abend,
mag ich bis Mitternacht zusehen
dem Tanz mit Getrampel und Gepfeife
beim Schwatzen
der betrunkenen Bauern.

Michail Lermontow, Die Heimat

Vorhergehende Doppelseite:
Pfingstfeier der Einwohner eines weißrussischen Dorfs, in der Mitte ein betrunkener alter Mann nach der Musik tanzend. 1916. Fotografische Postkarte

Rechts:
Russisch-orthodoxe Priester und Gläubige. Die russisch-orthodoxe Kirche gehört zu den östlich-orthodoxen Kirchen des byzantinischen Ritus, die nach dem Schisma von 1054 zwischen römisch-katholischer Westkirche und Ostkirche unter dem Ehrenprimat des Patriarchen von Konstantinopel entstanden, sich im Lauf der Geschichte vom lateinisch geprägten Abendland abgrenzten und wesentlich mit zu einem eigenen Charakter der russischen Kultur beitrugen. Die russisch-orthodoxe Kirche stand in ihrer Entwicklung auch immer in einem besonderen Abhängigkeitsverhältnis zur zaristischen Autokratie. Um 1900. Fotografie

Folgende Doppelseite:
Anton Tschechow (mit Buch) mit Ensemblemitgliedern seines Stückes „Die Möwe" am Moskauer Künstlertheater im Jahr 1899: Regisseur Konstantin Stanislawski, neben Tschechow sitzend, Olga Knipper-Tschechowa (Tschechows Frau), links von Stanislawski stehend, und Wsewolod Meyerhold, sitzend außen rechts.

Die Größe des Reiches

Seit tausend Jahren ... haben wir uns nichtrussische Völker einverleibt. Daraus folgt, daß das russische Reich ein Konglomerat von Nationalitäten ist.

Sergei Witte, Premierminister von Russland, Erinnerungen

Ich fuhr nach Rußland, um Argumente gegen die Demokratie zu finden, und kehrte als ihr entschlossener Unterstützer zurück. *Marquis de Custine, Lettres de Russie*

Entspricht die Selbstherrschaft noch dem Charakter des russischen Volkes und seinem Kulturzustand? Das ist ein Problem, über das sich hervorragende Geister auszusprechen zögern; aber sie ist unzweifelhaft mit der Bodenausdehnung, mit der Rassenverschiedenheit, mit der Entwicklung der wirtschaftlichen Macht Rußlands unvereinbar ... Welches immer die innehaftenden Tugenden des selbstherrlichen Zarismus sein mögen, so stellt er doch einen geographischen Anachronismus dar. *Maurice Paléologue, Französischer Botschafter, 15. Januar 1915*

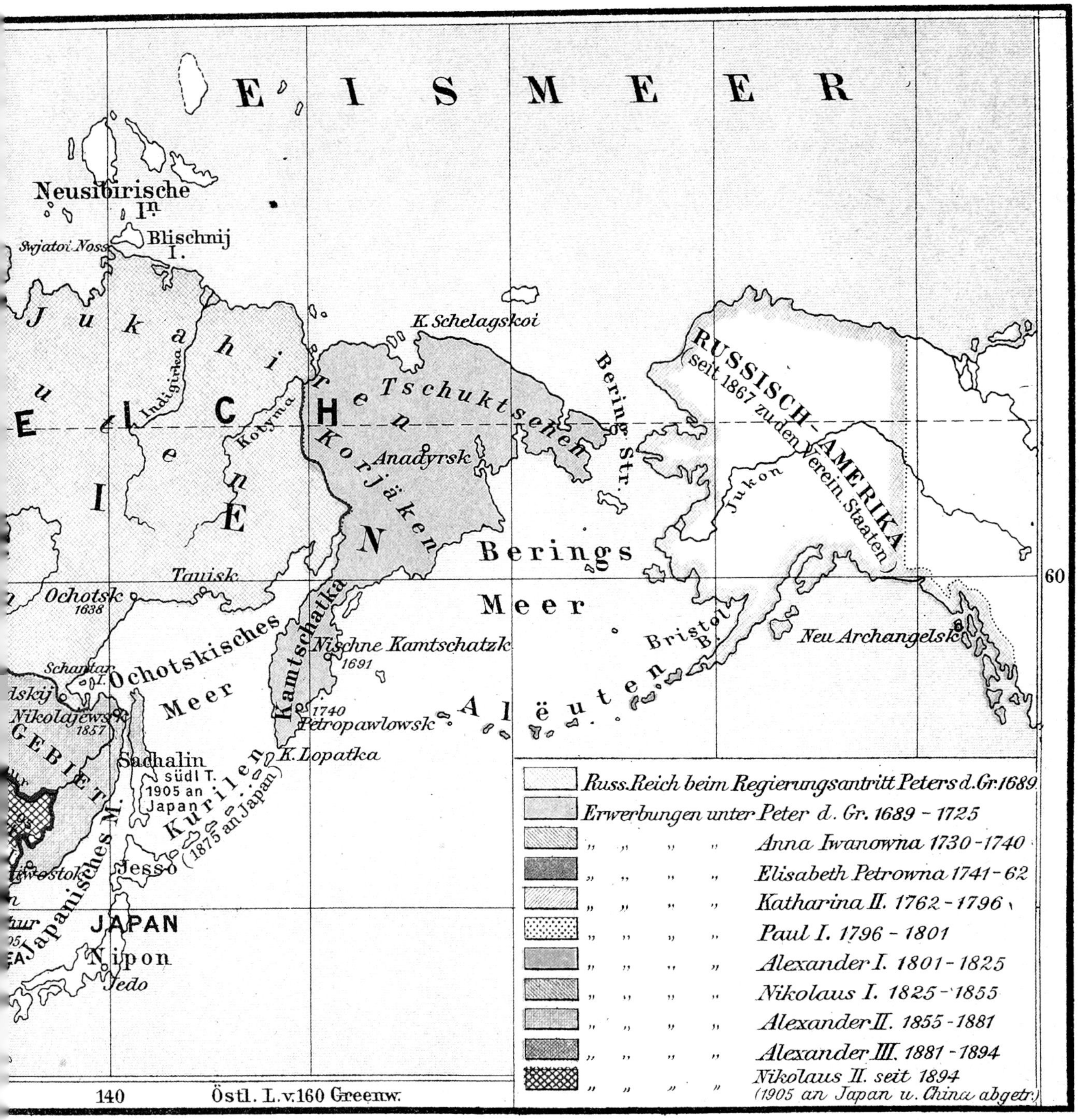

Landkarte von Russland mit den Gebietserweiterungen des Russischen Reiches im Lauf der Geschichte. Aus: Meyers Konversations-Lexikon, Band XVII. Sechste Auflage. Bibliographisches Institut: Leipzig und Wien 1906

Bilder aus einer untergegangenen Welt

*Da draußen auf der buckligen Ebene …
wo die mitleidlosen Augen deiner wahnsinnigen Tavernen über einer Hügelkette schweben und aus der Nacht in meine Seele stieren, wo der verhängnisvolle Zug von Tod und Krankheit ging – verschwinde, verschwinde in den Raum oh Russland, mein Russland!*
Andrei Bely

Soll ich es wagen, einen Stein auf dich zu werfen? Soll ich deine wilde und leidenschaftliche Flamme verdammen? Soll ich mich nicht vor dir verneigen mit meinem Gesicht im Schlamm, die Spur deiner nackten Füße segnen, du heimatloses, liederliches, trunkenes Russland – Narr Christi!
Maximilian Woloschin

Kirillow am Nördlichen Dwina-Kanal. Bauernmädchen mit Schüsseln voller Beeren. Drei-Farben-Fotografie von Sergei Prokudin-Gorski. Aus dem Album „Ansichten entlang des Mariinski-Kanals [Wolga-Ostsee-Kanal] und Flusssystems"

Die fotografische Reise, die dieses Buch unternimmt, ist nicht chronologisch, sondern geografisch organisiert. Es ging uns darum, das enorm diverse Reich, das ein Sechstel der Erdoberfläche bedeckte, aufgrund zeitgenössischer fotografischer Zeugnisse zu erkunden und die frühen Farbaufnahmen auch mit anderen Fotos in einen kulturellen wie auch historischen Kontext zu setzen. Die Reise beginnt in Sankt Petersburg, das Peter der Große zur Hauptstadt gemacht hatte, und führt über die nördlichen und westlichen Reichsgebiete in den orientalischen Südwesten, von dort über die Steppen in den Fernen Osten und in einem großen Schwung durch Sibirien wieder zurück zu den Städten des Goldenen Ringes um Moskau und zur neuen Hauptstadt des entstehenden Sowjetreiches selbst. Die Reisebegleiter sind Fotografen wie der Schotte William Carrick, die Amerikaner George Kennan und Murray Howe, der russisch-deutsche Carl Bulla, Sergei Prokudin-Gorski, der Schriftsteller Leonid Andrejew und sogar Anton Tschechow, neben vielen anonymen Zeugen. Durch ihre Augen entdecken wir eine enorm vielseitige Welt, die einerseits zeitlos und archaisch scheint, fast durchgehend von großer Armut gezeichnet ist, und doch auch immer wieder großen Reichtum und eine überraschende Modernität bezeugt.

Der zwiespältige Eindruck, den die Fotografien hinterlassen, ist durchaus typisch für die Situation, in der sich das Russische Reich in der zweiten Hälfte des neunzehnten und im frühen zwanzigsten Jahrhundert befand. Besonders für Europäer ist es nicht leicht, das Zarenreich zu verstehen, diese immense Welt zwischen Mittelalter und Moderne, Europa und Asien. Das Bild, das sich der Westen von seinem Nachbarn machte, war lange geprägt durch die Liebesaffäre, die die europäischen Bildungsbürger mit der russischen Kultur hatten, besonders mit den Romanen von Tolstoi und Dostojewski, aber auch mit Turgenjew, Puschkin, der Musik von Mussorgski, dem jungen Strawinsky und Rachmaninow – und vielleicht auch mit Philosophen und Mystikern wie Wladimir Solowjow oder Pawel Florenski. In den Worten von Isaiah Berlin bestand Russland in den Augen des Westens „aus nichts als dem harten Stiefel der Regierung auf der

Drei Bauernmädchen mit Schüsseln voller Beeren und ernsten Gesichtern, ein feister Emir in Samarkand, der herausfordernd in die Kamera blickt (Abb. S. 144), ein Junge, der wie Huckleberry Finn an einem Zauntor lehnt (Abb. S. 190), ein Stück Rasen mit tief glühenden Sommerblüten (Abb. S. 79) – sie wirken ungemein präsent, in lebendig nuancierten Farben und in der Umgebung ihres Alltags. Doch sind die Menschen auf diesen Bildern schon lange tot, die Blüten sind längst verblüht, die Städte und Landschaften auf diesen Aufnahmen haben ihr Aussehen verändert.

Die in ihren natürlichen Farben atemberaubenden Fotos stammen aus einer Serie von über 700 Platten, die der russische Fotograf Sergei Prokudin-Gorski zwischen 1905 und 1915 mit einer eigens dafür konstruierten Kamera belichtete. Die Welt, die auf diesen Fotoplatten festgehalten wurde, das russische Zarenreich, wurde einige Jahre später vernichtet und in den blutgetränkten Jahrzehnten danach bis zur Unkenntlichkeit verändert – die Aufnahmen sind Schnappschüsse aus einem untergegangenen Reich. Gleichzeitig aber ist es überraschend, wie viel Kontinuität auch aus diesen Bildern spricht: Gesichter, Körperhaltungen, Gebäude und Landschaften haben sich trotz aller Umwälzungen erhalten und wirken trotz der zeitlichen Distanz völlig gegenwärtig.

einen Seite und der dunklen, schweigenden, brütenden Masse der brutalisierten Bauern auf der anderen."

Generationen sind diesem romantisierenden Bild der „russischen Seele" gefolgt, das erst durch die Sowjetherrschaft brutal gestört wurde. Aber schon immer stellte sich die Kultur des Landes wesentlich reicher, zerrissener und faszinierender dar. Was eigentlich das Wesen und die Richtung von Russland waren, darüber waren sich die Russen selbst nie einig. Seit der Herrschaft Peters des Großen (1682–1725) tobte der Kampf zwischen den „Westlern" und den „Slawophilen". Die einen folgten Peter in seinem Versuch, das Reich zu modernisieren und der europäischen Kultur und Wirtschaft anzugleichen, während die anderen eine Vision verteidigten, nach der Russland ebenso asiatisch wie europäisch ist und sowohl kulturell wie auch mystisch einen ganz eigenständigen, durch orthodoxe Frömmigkeit und Schicksalsergebenheit geprägten Charakter hat.

Zumindest geografisch hatten die Slawophilen starke Argumente auf ihrer Seite, wie ein Blick auf die Landkarte zeigt. Am Vorabend der Revolution erstreckte sich das Reich von Polen bis nach Japan und vom arktischen Meer bis an die Grenzen der Türkei, den Himalaya und China. Mit seinen gigantischen Steppen, den endlosen Weiten Sibiriens, den Bergmassiven des Kaukasus und des Ural war dies dezidiert kein rein europäisches Reich. Gleichzeitig aber war diese Andersartigkeit auch für die Slawophilen ein Problem, denn die ethnischen, der orthodoxen Kirche angehörenden Russen stellten weniger als die Hälfte der aus über hundert Ethnien, Kulturen und Sprachen bestehenden Gesamtbevölkerung, von Polen

Oben:
Die Großfürstinnen Tatjana und Olga mit Anna Alexandrowna Wyrubowa (rechts mit Kamera in der Hand), der Hofdame und engsten Vertrauten der Zarin Alexandra Fjodorowna, waten bei einem Ausflug im Finnischen Meerbusen in der Brandung. Um 1914. Fotografie

Unten:
Russische Bäuerinnen mit gelüpften Röcken beim Waschen in Derewok, Rayon Ljubeschow, Ukraine. 1916. Fotografische Postkarte

und Finnen über Juden, muslimische Turkmenen, Kosaken, Georgier, Kasachen, Chinesen und sibirische Animistenvölker. Was außer der politischen Realität all diese Kulturen verband, war eine Frage, die nie wirklich beantwortet werden konnte.

Das kulturelle Leben des Zarenreiches spiegelt, soweit es die Hochkultur betrifft, diese Verschiedenheit wider – allerdings immer vor dem Hintergrund der Auseinandersetzung mit der Kultur des Westens und ihren Techniken und Traditionen. „Slawophilen" Musikern wie Mussorgski standen nicht nur westlich orientierte Komponisten wie Arenski, Tschaikowski oder Rimski-Korsakow gegenüber, sondern auch Avantgardisten wie Strawinsky und Skrjabin. Autoren, die ein essenzielles, romantisch-orthodox gefärbtes Russentum beschworen – allen voran Dostojewski und Tolstoi – standen neben experimentellen Stimmen wie Wjatscheslaw Iwanow, Leonid Andrejew oder Andrei Bely – und neben Turgenjew, Gogol und Tschechow, Beobachtern russischer (und universeller) Befindlichkeiten, deren scharfer Blick durch die Perspektive westlicher Literatur mitgeprägt war. Philosophen wie Solowjow oder Florenski stilisierten sich zu Verteidigern der russischen Seele, aber stärker politisch orientierte Denker wie Bakunin, Kropotkin, Herzen, Tschernyschewski und Lenin fanden auch innerhalb Russlands eine wesentlich größere Leserschaft.

Die Gespaltenheit des kulturellen und intellektuellen Lebens war auch ein Ausdruck der wirtschaftlichen und sozialen Situation im Reich. Umgeben von Mächten wie Deutschland im Westen und Japan im Osten, die ihre Gesellschaften nach 1850 rasant transformierten und industrialisierten, brauchte auch Russland eine stärkere Industrialisierung, um nicht nur wirtschaftlich, sondern auch politisch und militärisch mithalten zu können. Und tatsächlich entstanden in den großen Städten wie Moskau und Sankt Petersburg und im öl- und rohstoffreichen Gebiet südlich der Hauptstadt Fabriken, Minen und Ölfelder.

Gleichzeitig aber lebte der Großteil der Bevölkerung noch immer in Verhältnissen, die so primitiv waren, dass es, hätten sie einen Kalender lesen können, für sie kaum einen Unterschied gemacht hätte, ob sie im Jahr 1910 lebten oder 1210. Die Menschen lebten mit ihren Tieren unter einem Dach und oft kaum besser als sie. Hungersnöte und Epidemien traten immer wieder auf und die Hütten waren oft nur von einer einzigen Kerze beleuchtet, die vor der Hausikone brannte. Analphabetismus lag um 1880 über achtzig Prozent und nur wenige Kinder konnten eine Schule besuchen. In den meisten Dörfern gab es 1917 weder Elektrizität noch fließendes Wasser, weder staatliche Schulen noch Post oder Polizei und sogar die Popen konnten oft weder lesen noch schreiben.

Um 1900 gab es im gesamten Reich nicht mehr als 10.000 Polizisten, die meisten von ihnen in den Städten. Was außerhalb der zaristischen Gerichte lag, war ein Raum, in dem von Bauern besetzte Dorfgerichte ihre eigene Rechtsprechung übten und oft sadistische Strafen verhängten: Ehebrecherinnen wurden ausgepeitscht und nackt durch die Straßen getrieben oder hinter einem Karren durch das Dorf geschleift, Kriminelle wurden kastriert, gebrandmarkt, angenagelt, verstümmelt, mit Sicheln zu Tode gehackt oder mit einem Flaschenzug so lange immer wieder fallen gelassen, bis sie sich nicht mehr rührten. Extreme Brutalität war auch in den Familien an der Tagesordnung. „Je mehr du eine Frau prügelst, desto besser wird die Suppe sein", lautete ein bekanntes Sprichwort. In manchen Regionen bekamen Männer zur Hochzeit symbolisch eine Peitsche.

Wenn die Bevölkerung einer Provinz rebellierte und die Grundherren angriff, schickte die Regierung Strafregimenter, die wochenlang alles niedermetzelten, Dörfer in Schutt und Asche legten und alle Männer, die sie fanden, an Bäumen aufknüpften. Danach war in der betreffenden Region wieder für einige Jahre Ruhe. Das Militär

Zar Alexander II. (1818–1881). Um 1875. Carte-de-visite-Fotografie von Sergej Levitsky, St. Petersburg

selbst war berüchtigt, und nicht nur wegen seiner Strafexpeditionen. Der Militärdienst für einfache Bauern betrug zwanzig Jahre und zum Abschied der Rekruten, die von ihren Grundherren zum Dienst bestimmt wurden, wurde ihnen ein Totenhemd angezogen. Die Bezahlung der Soldaten war so schlecht, dass sie auch während des Dienstes ihr eigenes Gemüse anbauen und ihre eigenen Stiefel flicken mussten – eine Armee von Bauern und Schustern.

Reformer sahen in dieser archaischen Situation schon früh die zentrale Herausforderung für die Modernisierung und den Fortschritt: Es galt tatsächlich, Millionen von Menschen aus dem Mittelalter direkt in die industrielle Moderne zu katapultieren. Nicht nur kulturell, sondern auch politisch war die Auseinandersetzung mit dem Westen, zwischen Imitation und schroffer Ablehnung, bestimmend für die Geschichte des Zarenreiches in der Periode ihrer fotografischen Erfassung – von der Mitte des neunzehnten Jahrhunderts bis zur Revolution –, die ungefähr übereinstimmt mit den Regierungszeiten der Zaren Alexander II., Alexander III. und dem letzten der Reihe, Nikolaus II.

Jeder dieser Herrscher stand für einen anderen Umgang mit dieser Herausforderung – und vielleicht auch für eine andere Art des Scheiterns. Alexander II. (1855–1881) profilierte sich als Reformer wider Willen, wurde aber von nihilistischen Studenten ermordet. Sein Nachfolger Alexander III. (1881–1894) reagierte mit Verachtung für alle fortschrittlichen Ideen und warf Russland um Jahre, wenn nicht Jahrzehnte zurück. Nikolaus II. (1894–1917) schließlich zeigte eine fatale Mischung aus Ignoranz, Entscheidungsschwäche und Starrköpfigkeit, die direkt in die Katastrophe führte.

Als Alexander II. 1855 nach dem Tod seines Vaters Nikolaus I. den Thron bestieg, erbte er nicht nur erhebliche innenpolitische Probleme, sondern auch einen bewaffneten Konflikt, den Krimkrieg (1853–1856), in dem Russland gegen eine Allianz aus türkischen, französischen und britischen Truppen um Einfluss an seiner südlichen Flanke und Kontrolle über die Ländereien des zerfallenden osmanischen Reiches kämpfte. Aus diesem Krieg, den Russland verlor, stammen einige der frühesten Aufnahmen in diesem Buch. Roger

Fenton, ein Pionier der Kriegsfotografie aus Großbritannien, machte zahlreiche erstaunliche Aufnahmen von Soldaten und Schlachtfeldern, darunter ein berühmtes Bild des „Valley of Death", eines Tals, in dem eine britische Einheit grausam dezimiert wurde. Das Foto zeigt lediglich die Straße und die überall verstreut liegenden Kanonenkugeln nach dem Angriff.

Der Verlust des Krimkrieges machte deutlich, wie weit Russland nicht nur militärisch und strategisch, sondern auch ökonomisch hinter seinen westlichen Konkurrenten zurücklag und machte drastische Maßnahmen nötig. Der konservative Zar sah sich gezwungen zu handeln und begann ein umfangreiches Reformprogramm, das 1861 in der Emanzipation der etwa zwanzig Millionen Leibeigenen gipfelte. Diese Maßnahme jedoch, die wichtigste seiner Regierungszeit, erwies sich als zutiefst problematisch: Noch modernisierungsunwilliger als ihr Zar weigerten sich viele adelige Gutseigentümer, neue landwirtschaftliche Erkenntnisse und Geräte zu gebrauchen und sahen sich bald außerstande, ihre Ländereien ohne Leibeigene zu bewirtschaften. Viele verschuldeten sich tief und mussten ihre Güter verlassen – eine historische Entwicklung, die unter anderem auch den Hintergrund zu Anton Tschechows *Kirschgarten* lieferte.

Auf der Seite der ehemaligen Leibeigenen war die Situation allerdings kaum besser. Ihre landwirtschaftlichen Methoden waren antiquiert und die meisten von ihnen waren bitterarm – manche hatten nicht einmal einen Ochsen oder ein Pferd und mussten selbst den Pflug ziehen. Die Äcker, die ihnen im Zuge der Reform zugewiesen wurden, waren oft von minderer Qualität und die Kompensationszahlungen, die sie noch fünfzig Jahre lang an die Regierung leisten mussten, brachten sie an den Rand des Verhungerns. Kein Wunder also, dass sie zu Hunderttausenden in den Fabriken Arbeit suchten, wenn sie auch (und das ist eine russische Besonderheit) meistens Saisonarbeiter waren und immer wieder in ihre Dörfer zurückkehrten. So brachten sie auch Aspekte der Moderne wie westliche Kleidung und billige Konsumgüter mit in ihre Herkunftsorte. In den 1870er Jahren dokumentierte der schottische Fotograf William Carrick einen Teil dieses elenden Proletariats zwischen Stadt und Land. Gleichzeitig bedeutete dieser Pendelverkehr übrigens auch, dass Russland nie wirklich ein industrielles Proletariat hatte, auf dessen Befreiung und Kampfeswillen die Revolutionäre spekulierten, weil es dort im Gegensatz zu westlichen Industrienationen nie eine kongruente urbane Arbeiterklasse gegeben hatte. Die meisten Fabrikarbeiter waren Bauern, die nach einigen Monaten in den Fabriken zum Landleben zurückkehrten.

Neben seinem Reformprogramm betrieb Alexander II. weiterhin eine konsequente Expansionspolitik im Kaukasus. Auch dieser Aspekt seiner Ära ist fotografisch dokumentiert: Beeindruckende Aufnahmen des Amerikaners George Kennan aus Georgien zeigen eine Region, die

„The Valley of the Shadow of Death": Die wohl berühmteste Aufnahme aus dem Krimkrieg (1853–1856) zeigt eine mit Kanonenkugeln übersäte Straße. 1855. Fotografie von Roger Fenton

sich in den 1860er und 1870er Jahren noch kaum aus traditionellen sozialen und kulturellen Lebensmustern gelöst hatte.

Die zögerlichen und von Kompromissen gekennzeichneten Reformen vermochten es nicht, das Reich aus seiner Rückständigkeit zu befreien und in die Moderne zu führen, zumal die Landeigentümer nicht die einzigen Gegner des Zaren waren. 1881 ermordeten ihn nihilistische Studenten auf offener Straße – ironischerweise auf seinem Rückweg von der Unterzeichnung einer neuen und liberaleren Verfassung.

Links:
Zar Alexander III. (1845–1894) im Kreise seiner Familie, in der Mitte oben neben seiner Mutter Maria Fjodorowna, vormals Dagmar von Dänemark, der Thronfolger Nikolaus II. 1888. Fotografie

Unten:
St. Petersburg. Ball der bunten Perücken, abgehalten am 22. März 1914 im Palast der Gräfin Jelisaweta Schuwalowa während der letzten Ballsaison vor dem Ausbruch des Ersten Weltkriegs. Fotografie. Die Perücken der Damen waren von Léon Bakst entworfen.

Nach dem tödlichen Attentat auf Alexander II. machte sich sein zweiter Sohn und Nachfolger Alexander III. mit großer Energie und Entschlossenheit daran, die Reformbemühungen seines Vaters rückgängig zu machen und Russland vor der „Verwestlichung“ zu retten. Eine seiner frühesten Amtshandlungen war die Rücknahme der liberalen Verfassung, des Vermächtnisses der Reformer.

Die Herausforderungen waren immens. Zwischen 1850 und 1900 verdoppelte sich Russlands Bevölkerung und die Gesellschaft begann den langen Weg der Transformation hin zu einer modernen Lebensform. Die Industrie entwickelte sich rasant (wenn auch mit großer Verspätung gegenüber den europäischen Staaten) und um 1890 zählte das Land immerhin 1,4 Millionen Fabrikarbeiter und ein expandierendes Eisenbahnnetz mit 32.000 Streckenkilometern.

Die wirtschaftliche Entwicklung aber war von anderen Aspekten des Lebens isoliert. Unter Alexander III. wurde die Unabhängigkeit der Universitäten widerrufen, die religiöse Zensur wieder eingeführt, politische Verfolgung intensiviert, die Position der orthodoxen Kirche in Erziehung und Politik gestärkt und Ausschreitungen gegen die jüdische Bevölkerung wurden vom fanatisch antisemitischen Herrscher geduldet oder ermutigt. Das wichtigste Organ bei dieser auto-

ritären und rückwärtsgewandten Umorientierung des Riesenreiches war die Ochrana, die neu gegründete Geheimpolizei, die mit fast unbegrenzten Vollmächten ausgestattet war.

Die fotografischen Zeugnisse der Ära Alexanders III. lassen nur indirekt auf das repressive Klima schließen. Zwar dokumentierte George Kennans Reise nach Sibirien das Leben der politischen Häftlinge und Verbannten, aber Aufnahmen aus den großen Städten zeigen ein trügerisches Bild der Ruhe, einer Kirchhofsruhe, die auch das kulturelle und intellektuelle Leben des Reiches lähmte. Eines der Resultate dieser repressiven Politik war paradoxerweise ein Erstarken der radikalen Opposition. 1887 versuchte Alexander Uljanow, ein junger Marxist und Mitglied einer Untergrund-Vereinigung, den Zaren zu ermorden und wurde hingerichtet. Sein jüngerer Bruder Wladimir war von seinem Tod tief getroffen und führte dessen revolutionäre Arbeit weiter. Später änderte er seinen Namen. Er nannte sich Lenin.

Nikolaus II., der im Alter von zwölf Jahren Augenzeuge der Ermordung seines Großvaters gewesen war, erhielt eine rigoros konservative, um nicht zu sagen reaktionäre Erziehung. Sein Erzieher war Konstantin Petrowitsch Pobedonoszew, Ober-Prokurator der Heiligen Synode Russlands und die éminence grise hinter der antiwestlichen Politik Alexanders III., den er über drei Jahrzehnte hinweg beraten hatte.

Der junge Zar, der nach dem überraschenden Tod seines Vaters den Thron im Alter von sechsundzwanzig Jahren bestieg, war in keiner Weise für seine Position geeignet. Obwohl ihm niemand Höflichkeit und vollendete Umgangsformen absprach, war er gleichzeitig halsstarrig und willensschwach, autokratisch und zutiefst misstrauisch gegen „westliche“ Ideen. Er habe Intelligenz und Persönlichkeit „eines durchschnittlichen Gardeoffiziers aus guter Familie“ war das Beste, was sein eigener Premierminister, der beeindruckend energische Sergei Witte, über ihn zu sagen wusste.

Als absoluter Herrscher über ein von tiefen Konflikten und Widersprüchen zerrissenes Land hatte Nikolaus weder die intellektuelle Statur noch das erforderliche Verständnis, um in einer so diffizilen Situation zu bestehen. Allerdings ist es auch durchaus möglich, dass die inneren Gegensätze des Landes zwischen arm und reich, mittelalterlich und modern, pan-slawischen und westlich Gesinnten bereits zu extrem waren, um eine Revolution zu verhindern.

Gegenüber oben:
St. Petersburg. Suppenküche für Arbeitslose. 1910. Fotografie von Carl Bulla. Bei der Mahlzeit, die aus Gemeinschaftsschüsseln gegessen wird, scheint es sich um Kascha zu handeln, die traditionelle russische Buchweizengrütze.

Rechts:
Zar Nikolaus II. (1868–1918) und Zarin Alexandra Fjodorowna (1872–1918), vormals Prinzessin Alix von Hessen-Darmstadt, anlässlich ihrer Verlobung. 1894. Fotografie

Nikolaus unterdrückte alle „verwestlichten“ Bestrebungen, die auf eine konstitutionelle Monarchie, eine effiziente Verwaltung oder gar demokratische Regierungsformen gerichtet waren. Um der unübersehbaren Unruhe im eigenen Reich zu begegnen, setzte er auf den patriotischen Effekt von Krieg und Gewalt. Zwischen 1903 und 1906 rollte eine Welle von langer Hand geplanter und systematisch ausgeführter antijüdischer Pogrome durch das Land, die vom Innenministerium zumindest billigend geduldet wurden und die Tausende von Menschenleben forderten. Der Zar ließ die Taten öffentlich verurteilen, zeigte sich privat aber hoch erfreut.

Als 1904 die territorialen Ambitionen Russlands und Japans im Fernen Osten zu einem japanischen Angriff auf den russischen Marinestützpunkt Port Arthur führten, glaubte der Zar in diesem „kleinen Krieg“ das ideale Vehikel für das Erstarken des Patriotismus gefunden zu haben. Er war überzeugt, das heilige Russland müsse einen Krieg gegen die „barbarischen“ Asiaten gewinnen und weigerte sich, denjenigen unter seinen Beratern zu glauben, die ihm sagten, Russland sei für einen teuren Krieg gegen eine moderne Armee nicht vorbereitet, zumal die einzige Versorgungslinie für die Truppen die noch nicht fertiggestellte Transsibirische Eisenbahn war. Schon bald

Bauern aus der Gegend der mittleren Wolga. Um 1885. Fotografie

aber zeigte sich, dass die japanischen Truppen den russischen sowohl an Motivation als auch an Ausrüstung und Ausbildung weit überlegen waren und die Niederlage nur eine Frage der Zeit sein konnte. Den Soldaten mangelte es an Nachschub und Munition. Der besorgte Nikolaus schickte Hunderte von Ikonen an die Front.

Die allgemeine Unzufriedenheit, die sich im Zuge des hoffnungslosen Krieges in der Gesellschaft ausbreitete, führte auch zur ersten russischen Revolution, die im Januar 1905 in Sankt Petersburg begann und sich bald über das gesamte Reich ausdehnte. Nikolaus hatte auf friedliche Demonstranten schießen lassen, die mit Ikonen und Bannern mit der Aufschrift „Lang lebe der Zar“ versucht hatten, seinen Palast zu erreichen um ihm eine Petition zu übergeben. Bald versank das Land in Generalstreiks und bürgerkriegsähnlichen Zuständen, die erst nach Monaten und mit großer Härte beendet werden konnten.

Es ist wenig überraschend, dass die fotografischen Dokumente aus diesen letzten Jahren, der Zeit, in der die Fotografie wirklich zu einem Massenmedium wurde, am reichlichsten vorhanden sind und die größte Diversität bieten. Eine große Sonderstellung nehmen dabei die bereits erwähnten Aufnahmen von Sergei Prokudin-Gorski ein, der mithilfe einer speziell konstruierten Kamera Farbfotos machen konnte. Drei Linsen mit Farbfiltern nahmen auf jeweils einer Platte das rote, gelbe und blaue Farbspektrum auf, eine vierte Linse hielt die Szene in Schwarzweiß fest. Wurden diese vier Bilder übereinander projiziert, entstand ein farbiges Bild, allerdings erlaubte es dieser Prozess nicht, die Bilder auch zu entwickeln und zu drucken. Nach Prokudin-Gorskis Umzug nach der Revolution nach Paris lagerten seine Platten dort, bis sie von der Library of Congress aufgekauft wurden. Die heute in Washington D.C. aufbewahrten fotografischen Schätze sind im deutschsprachigen Raum noch nicht publiziert worden.

Prokudin-Gorski hatte vom Zaren den Auftrag erhalten, auch die entlegenen Gebiete des Reiches zu dokumentieren und war zu diesem Zweck mit einem eigens für ihn eingerichteten Eisenbahn-Waggon ausgestattet worden. Über einen Zeitraum von zehn Jahren bereiste er zahlreiche Provinzen und realisierte erstaunliche Aufnahmen in Karelien, Dagestan, Armenien, Turkmenistan, Samarkand,

Sibirien, dem Goldenen Ring (den alten „heiligen Städten" der orthodoxen Kirche) und in anderen Gebieten. Von den erhaltenen etwa 700 Platten kann hier nur eine kleine Auswahl wiedergegeben werden. Ein weiterer Fotograf, der sich bereits mit Farbaufnahmen beschäftigte, war der Schriftsteller Leonid Andrejew, dessen Roman *Die Sieben, die gehängt wurden* zu einer wichtigen Inspiration der folgenden Revolution werden sollte. Er konzentrierte sich in seinen atmosphärisch dichten Bildern besonders auf seine Familie.

Kleinere, tragbare Kameras mit kurzen Belichtungszeiten ermöglichten es Fotografen, erstmals auch das Alltagsleben festzuhalten. Der in Deutschland geborene Carl Bulla machte den Fotojournalismus in seiner neuen Heimat zu seinem Lebenswerk. Andere, wie der amerikanische Sportjournalist Murray Howe, kamen für kürzere Zeit, schufen aber gleichfalls starke und beeindruckende Zeugnisse des russischen Lebens abseits der eleganten Salons und höfischen Feierlichkeiten. Ein weiterer Amateurfotograf war der Zar selbst, aus dessen Familienalbum einige Bilder wiedergegeben werden, die die kaiserliche Familie entspannt und intim zeigen. Gleichzeitig sind die kaiserlichen Fotoalben auch Dokumente der Besessenheit von Uniformen, die den Kaiser, der sich nur in seiner Familie und unter Offizieren wirklich wohlfühlte, zeit seines Lebens begleitete.

All diese Aufnahmen sehr unterschiedlicher Provenienz schaffen ein lebendiges und facettenreiches Bild eines Reiches, das eine stabile Identität auch deswegen nicht finden konnte, weil die Vielzahl der kulturellen Hintergründe und Sprachen und die Rasanz des gesellschaftlichen Auf- und Umbruchs ins industrielle Zeitalter dies schlicht unmöglich machten. Was aber bleibt, ist ein außerordentlicher Reichtum an Gesichtern und Geschichten.

Als die Revolution 1917 das durch den Krieg, innere Spannungen und die Inkompetenz seiner Regierung zutiefst marode Reich stürzte, begann ein neues Kapitel, das nicht nur die Zarenherrschaft an Grausamkeit und sinnlosem Leiden bei weitem übertraf, sondern für Jahrzehnte eine bislang ungekannte Herrschaft des Grauens über das Land ausbreitete, eine Herrschaft, die nahtlos an die schlimmsten Gebräuche der autokratischen Zaren anschloss.

Russische Volkstypen: Bauernfamilie vor einem Holzhaus um den Samowar sitzend. Um 1910. Fotografische Postkarte

Sankt Petersburg

Sankt Petersburg ist keine alte Stadt. Zu Beginn des achtzehnten Jahrhunderts war dort, an der Mündung der Newa in den Finnischen Meerbusen, nicht mehr als eine kleine schwedische Festung mit einer Siedlung. 1703, im Großen Nordischen Krieg, der die lange Vorherrschaft der Schweden über Nordeuropa beenden sollte, eroberte Zar Peter I. (Peter der Große) dieses Gebiet. Um nämlich die Schlagkraft der russischen Marine zu erhöhen brauchte Peter eine Alternative zum Weißmeer-Hafen von Archangelsk, und bereits 1703 waren seine Pläne für diesen neuen Hafen höchst ehrgeizig. Als Teil seiner Bestrebungen, Russland zu modernisieren und wirtschaftlich und kulturell auf europäischer Ebene konkurrenzfähig zu machen, beschloss Peter, eine neue, westlich orientierte Stadt zu bauen um die Hauptstadt Moskau, die er für rückständig und überreligiös hielt, zu ersetzen. Diese neue Stadt wurde am 16. Mai 1703 offiziell gegründet. Peter benannte sie nach sich selbst, und der Bau begann.

Das „große Fenster im Norden, durch welches Russland nach Europa blickt", so nannte es der italienische Universalgelehrte Francesco Algarotti, wurde rasch gebaut. Durch seine absolute Macht über jeden einzelnen Bewohner des Landes konnte Peter 40.000 Leibeigene pro Jahr für Bauarbeiten einberufen. Außerdem befahl er tausend adligen Familien, ihre Häuser in Moskau und anderen Städten zu verlassen und in Sankt Petersburg neue zu errichten. Die Zwangsarbeit auf Marschland im rauen nördlichen Klima kostete tausende Leibeigene das Leben, ein Umstand, der Peters großem Unterfangen den Beinamen „die Stadt, die auf Skeletten gebaut wurde" eintrug. Die erzwungene Umsiedlung leerte auch die Kassen der Adligen, die für die entstandenen Ausgaben keinen Ersatz erhielten. „Dies entspricht dem Grundgesetz dieses Landes, dass alles Gott und dem Zaren gehört", kommentierte der deutsche Gesandte Mardefeld.

Als Schnittstelle zwischen Ost und West war Sankt Petersburg von Beginn an ein Ort internationalen Handels und künstlerischer Hochleistungen sowie, als Hauptstadt, politischer Kämpfe. Hier rebellierten 1825 die Dekabristen gegen den neuen Zaren Nikolaus I., hier wurden am Blutsonntag hunderte unbewaffneter Zivilisten bei einer Protestkundgebung von den Truppen des Zaren erschossen (ein Vorspiel zur Revolution von 1905), hier stürmten die Bolschewiken im Februar 1917 den Winterpalast und erzwangen die Abdankung Nikolaus II. sowie den Fall des Russischen Reiches, und hier nahm die Oktoberrevolution von 1917 ihren Ausgang, die schließlich Lenin und die Bolschewiken an die Macht bringen sollte.

Zu Beginn des 20. Jahrhunderts war die Bevölkerung Sankt Petersburgs auf eineinhalb Millionen Menschen angewachsen, hauptsächlich durch die steigende Zahl von Landarbeitern, die ihre armseligen Streifen Land zurückließen und in die Stadt zogen, um Arbeit zu suchen. Über dieser Unterschicht, die unter elenden, erniedrigenden Umständen dahinvegetierte, war eine kleine, aber zufriedene Mittelschicht, die sich nach Westen, an Paris und London orientierte und deren reichste Vertreter wohlhabender waren als die meisten durchschnittlichen Adeligen. Auf dem eleganten Newski-Prospekt reihten sich die Fassaden der Geschäfte im Stile moderner Architektur und der Art Nouveau, und im opulenten Mariinski-Theater genossen Liebhaber von Musik und Tanz regelmäßig Auftritte von einigen der größten Künstler dieser Zeit, darunter Primaballerina Anna Pawlowa und der große Opern-Bassist Fjodor Schaljapin. 1862 gründete der Pianist Anton Rubinstein das Petersburger Musikkonservatorium: Einer der ersten Professoren war Rimski-Korsakow, einer der ersten Studenten Tschaikowski. Und im mächtigen Schatten von Dostojewski wuchsen in der Stadt junge literarische Talente heran, darunter die Romanautoren Andrei Bely und Fjodor Sologub und die Dichter Anna Achmatowa und Ossip Mandelstam.

Abgesehen von einer kurzen Unterbrechung von 1728 bis 1732 blieb Sankt

Unten:
St. Petersburg. Der Triumphbogen des Generalstabsgebäudes am Schlossplatz. Um 1904. Fotografie

Gegenüber:
Plan von St. Petersburg. Aus: Bilder-Atlas zum Conversations-Lexikon. Ikonographische Encyklopädie der Wissenschaften und Künste. Stich von C. Jättnig nach Entwurfszeichnung von G. Heck. F. A. Brockhaus: Leipzig 1849

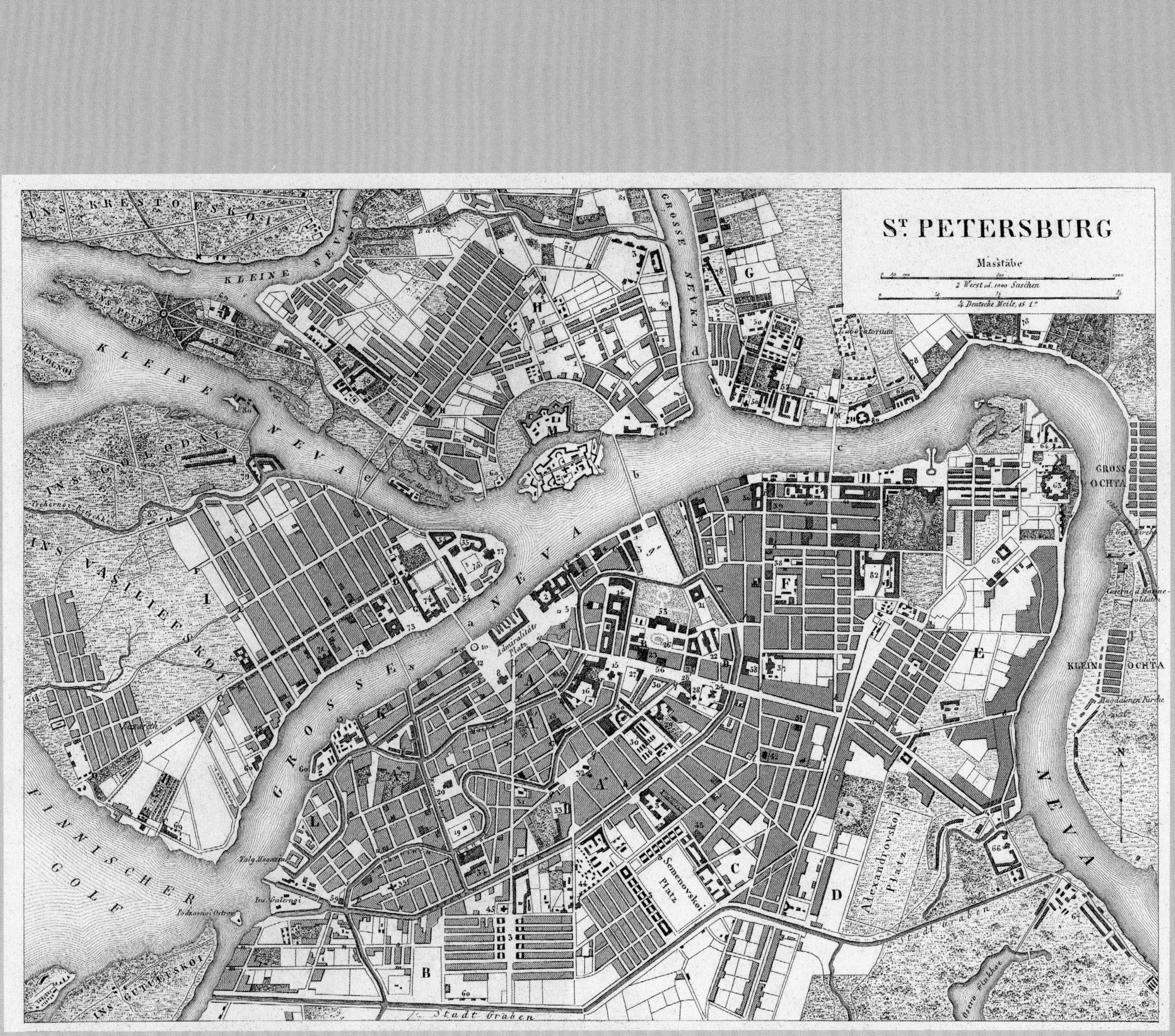

Petersburg bis zur Revolution die Hauptstadt des Zarenreiches. Beim Ausbruch des Ersten Weltkrieges 1914 allerdings wurde ihr germanischer Name in Petrograd geändert. 1918 verlegte Lenin aus Angst vor einem Angriff der deutschen und österreichisch-ungarischen Streitkräfte über den Finnischen Meerbusen seinen Regierungssitz nach Moskau, und die historische Stadt wurde wieder Hauptstadt: diesmal der neuen Russischen Sozialistischen Föderativen Sowjetrepublik, kurz RSFSR.

Links:
St. Petersburg. Blick vom Admiralitätskai über die Große Newa auf den Universitätskai mit der Akademie der Künste und der Militärschule. Um 1890. Photochrom

Unten:
St. Petersburg. Die Schlossbrücke über die Große Newa und der Admiralitätskai. Um 1895. Photochrom

Gegenüber:
St. Petersburg. Die Insel Wassili Ostrow mit dem Hafen an der Newa. Um 1895. Fotografie

Ich lieb dich, Schöpfung Peters, deine
Gestrenge, einheitliche Pracht,
In dem granitenen Gesteine
Der Newa königliche Macht …

Alexander Puschkin, aus *Der Eherne Reiter*

Links:
St. Petersburg. Der Winterpalast. Um 1890. Fotografie

Unten:
St. Petersburg. Blick von der Isaakskathedrale auf das Admiralitätsgebäude und die Newa. Um 1895. Photochrom

Hier verlangt die Natur von den Menschen genau das Gegenteil von dem, was sie erwartet hatten. Anstatt heidnische Tempel zu kopieren, mussten sie sich mit gewagten Formen umgeben: vertikale Linien um den Nebel des Polarhimmels zu durchbrechen, die monotone Oberfläche der feuchten, grauen Steppen, die das Gebiet von Sankt Petersburg bestimmen, so weit das Auge reicht. Hier muss der Mensch selbst Berge erschaffen.

Marquis de Custine, Lettres de Russie

Links:
St. Petersburg. Die Isaaks-kathedrale im Winter. Um 1905. Fotografie von Boissonnas & Eggler, St. Petersburg

Unten:
St. Petersburg. Der Admiralitätskai im Winter. Um 1910. Fotografie

Plötzlich fiel der erste Schnee; und mit solch lebendigen Diamanten funkelte er, tanzend im Lichtkreis der Laterne; der helle Kreis erleuchtete nun ein wenig das Palais und den kleinen Kanal und das steinerne Brückchen: in die Tiefe entfloh der Winterkanal; es war leer: der einsame Kutscher pfiff an der Ecke, erwartete jemand …

Andrei Bely, Petersburg

Links:
St. Petersburg. Kai an der Newa. Um 1905. Fotografie von Boissonnas & Eggler, St. Petersburg

Gegenüber:
St. Petersburg. Stapellauf des Linienschiffs „Borodino" in der Admiralitätswerft im September 1901. Fotografie von Carl Bulla

БОРОДИНО

ИМПЕРАТОРУ АЛЕКСАНДРУ III
ДЕРЖАВНОМУ ОСНОВАТЕЛЮ

Seit jener folgenträchtigen Zeit, als zum Newa-Ufer der metallene Reiter preschte ... hat Rußland sich zwiegespalten; zwiegespalten haben sich auch die Geschicke unseres Vaterlandes ... Du, Rußland, bist wie das Pferd! Ins Dunkel, ins Leere erheben zwei Hufe sich vorne; und fest stützt sich in den Granitgrund das hintere Hufpaar. Willst auch du dich lösen vom Stein, der dich hält ...?

Andrei Bely, Petersburg

Sankt Petersburg in all seiner Herrlichkeit und Größe ... Der vergoldete Pfeil der Peter-und-Paul-Festung, der unter einem bedrückenden Himmel leuchtet. Die erhebende Silhouette eines erobernden Zars, der mit einer Hand sein scheuendes Pferd bändigt, die andere über die Newa ausstreckt ...

Marina de Heyden, Les rubis portent malheur

Gegenüber:
Denkmal für Zar Alexander III. nach der Einweihung. Um 1909. Fotografie von Carl Bulla

Links:
St. Petersburg. Der „Eherne Reiter", das Denkmal für Zar Peter den Großen von Etienne-Maurice Falconet (1782) auf dem Senatsplatz, im Hintergrund die Issakskathedrale. Um 1900. Fotografie von Andrew Howe

Unten links:
St. Petersburg. Die Glockenstube der Peter-und-Paul-Festung. 1903. Fotografie von Carl Bulla

Unten rechts:
St. Petersburg. Elektrische Straßenbahnen im Winter, im Hintergrund die Peter-und-Paul-Festung. 1903. Fotografie von Carl Bulla

Es gibt nicht Schöneres als den Newskijprospekt, wenigstens nicht in Petersburg; für die Stadt bedeutet er alles. Womit könnte diese Straße auch nicht prunken – diese Schönheit unserer Hauptstadt!

Nikolai Gogol, Der Newskijprospekt

Links oben:
Die Delikatessenhandlung „Aux Gourmets“ am Newski-Prospekt Nr. 13. Um 1910. Fotografie von Carl Bulla

Rechts oben:
Der große Speisesaal im Restaurant Palkin am Newski-Prospekt Nr. 47. Um 1910. Fotografie von Carl Bulla

Gegenüber:
St. Petersburg. Der Newski-Prospekt. Um 1910. Fotografie

Oben:
Die erste, 1901 eröffnete Frauen-Apotheke der Stadt am Newski-Prospekt Nr. 32. 1914. Fotografie von Carl Bulla

Die Art-Nouveau-Konditorei Zhorz Borman am Newski-Prospekt Nr. 21. Um 1910. Fotografie von Carl Bulla

Der 1914 eröffnete Kinopalast „Parisiana“ am Newski-Prospekt Nr. 80. 1915. Fotografie von Carl Bulla

Links:
St. Petersburg. Straßenleben auf dem Newski-Prospekt. Um 1900. Fotografie

Gegenüber oben:
St Petersburg. Straßenszene auf einem der breiten Boulevards. 1909. Fotografie von Murray Howe

Wir verbrachten unsere Vormittage bei den Schneidern und den Modisten und unsere Nachmittage mit Besuchen.

Marina de Heyden, Les rubis portent malheur

Rechts:
St. Petersburg. Innenansicht eines Haute-Couture-Damengeschäfts. Um 1910. Fotografie

Das Alte und das Neue, das Liberale und das Patriarchalische, fatale Armut und fatalistischer Reichtum waren in jenem seltsamen ersten Jahrzehnt unseres Jahrhunderts phantastisch ineinander verwebt.

Vladimir Nabokov, Sprich, Erinnerung, sprich!

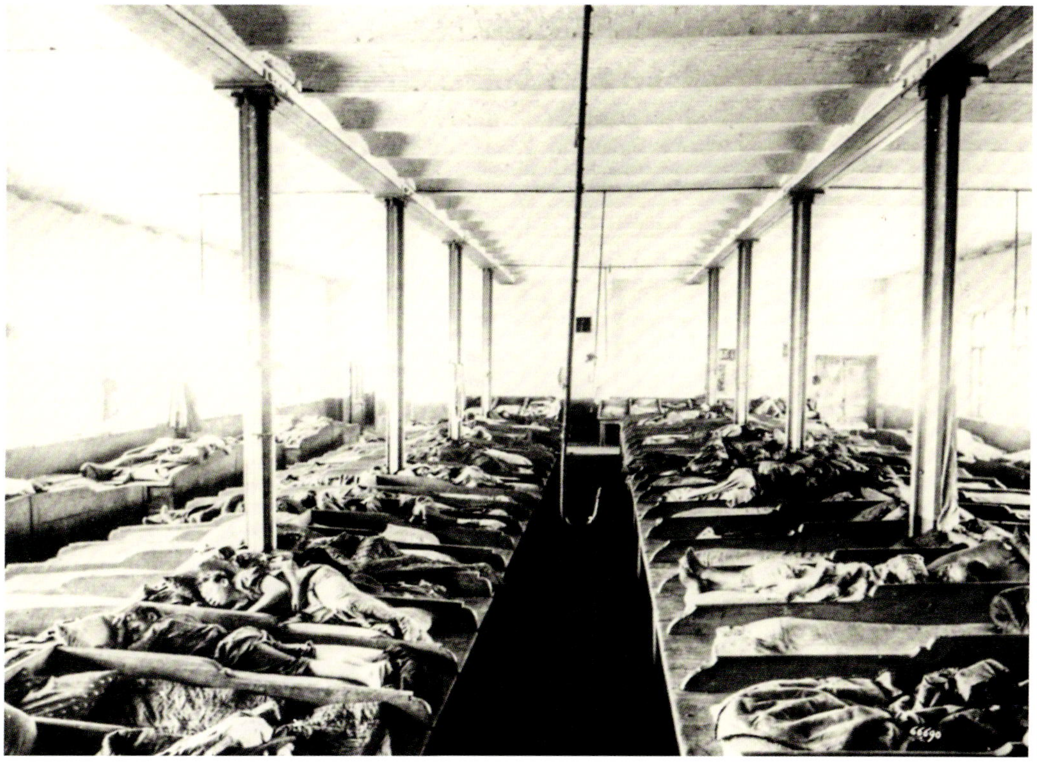

Rechts:
St. Petersburg. Hölzerne Schlafpritschen im Arbeiterschlafsaal einer Fabrik. Um 1900. Fotografie

Künstler, die das Herz des Publikums gewonnen hatten, erhielten warme Ehrenbekundungen und ernteten enormen Lohn. Die großen Sängerinnen, Tänzerinnen und Schauspielerinnen fanden in den Blumensträußen, die ihnen geschenkt wurden, teure Juwelen, ohne daß eine Gegenleistung erwartet wurde.

Nicolas de Basily, Memoirs

Die Logen des immensen Mariinski-Theaters, mit vergoldetem Holz und Sitzen aus blass-blauem Samt, waren ideal, um die nackten Schultern in Szene zu setzen. Smaragde, Diamanten, und Rubine glitzerten im Licht der enormen Kronleuchter. Das Parkett war gesprenkelt mit goldenen und purpurnen Uniformen inmitten der schwarzen Abendkleidung.

Marina de Heyden, Les rubis portent malheur

Oben links:
Die Schauspielerin Wera Komissarschewskaja. Um 1900. Fotografie von Carl Bulla

Oben rechts:
Matilda Kschessinskaja (1872–1971), Primaballerina am Mariinski-Theater und eine Zeitlang die Auserwählte des zukünftigen Zaren Nikolaus II. Um 1910. Fotografie

Unten:
St. Petersburg. Das Mariinski-Theater, von Zar Alexander II. in Auftrag gegeben und 1859 fertiggestellt. Um 1900. Fotografie

Gegenüber:
Anna Pawlowa auf einer ihrer Tourneen in Wien. Anna Pawlowa (1881–1931) trat 1891 in die kaiserliche Ballettschule in Petersburg ein, wurde 1899 Mitglied des Mariinski-Theaters und bald darauf Primaballerina. 1905 kreierte sie zur Musik von C. Saint-Saens Fokins „Sterbenden Schwan", der sie weltberühmt machte. 1909–1911 war sie Mitglied von Diaghilews „Ballets Russes" und häufig Partnerin von W. Nischinski. Ihre schon zu Lebzeiten legendäre Berühmtheit beruhte auf ihrer einmaligen Grazie. Fotografie von d'Ora. 1913

Oben:
St. Petersburg. Gebetszeremonie auf dem Senatsplatz anlässlich der Zweihundertjahrfeier der Stadt. 1903. Fotografie

Rechts:
St. Petersburg. Wachablösung eines kaiserlich russischen Wachregiments. 1904. Fotografie von Carl Bulla

Gegenüber:
Zar Nikolaus II. und seine Familie (v.l.n.r.): Olga, Maria, Zar Nikolaus, Zarin Alexandra, Anastasia, Zarewitsch Alexei und Tatjana. 1914. Fotografie im Liwadija-Palast auf der Krim

Der Zar ist der Gesalbte des Herrn, von Gott gesandt, auf dass er oberster Schutzherr der Kirche und allmächtiges Oberhaupt des Reiches sei. Im Volksglauben ist er sogar das Vorbild Christi auf Erden. Und da ihm Gott seine Macht verleiht, ist er nur Gott dafür verantwortlich … Das göttliche Wesen seiner Macht hat auch noch zur Folge, dass Selbstherrschaft und Nationalismus unzertrennlich sind … Der konstitutionelle Liberalismus ist noch viel mehr eine Ketzerei, als ein Wahngebild, ein Unding.

Schtscheglowitow, Führer der äußersten Rechten im Staatsrat, 19. Januar 1915

Wir sprachen in Zarskoje Selo vor … Die Zarin empfing uns in ihrem Salon … Niedrige Tische waren mit smaragdenen Rahmen und kleinen, mit Edelsteinen besetzten Glöckchen und einer Vielzahl von Tieren aus Quartz und Jade beladen.

Marina de Heyden, Les rubis portent malheur

Gegenüber oben:
Zarskoje Selo (Zarendorf) bei St. Petersburg. Terrasse im Park des Schlosses. Um 1890–1900. Photochrom

Gegenüber unten:
Zarskoje Selo. Die Zarenresidenz Katharinenpalast. Um 1900. Fotografie

Oben:
Der Palast von Peterhof (1723) mit der Goldenen Kaskade, westlich von St. Petersburg am Finnischen Meerbusen gelegen. Um 1880. Fotografie

Der Hof hielt geheim, daß der Zarewitsch unter Hämophilie litt, gegen welche alle Medizin wirkungslos war ... Die Zarin Alexandra ... hatte in ihrer Verzweiflung über die Krankheit ihres Sohns Alexei ihren ganzen Glauben in ein Wunder gelegt, und ... glaubte, daß ihre Gebete erhört worden waren, als Rasputin, auf noch immer rätselhafte Weise, ihrem Kind durch scheinbar tödliche Krisen half.

Nicolas de Basily, Memoirs

Es scheint mir, als habe die Zarin ernsthaft versucht Rußland zu lieben, aber es war ein Rußland ihrer eigenen Vorstellung, in dem ihr Sohn autokratisch regieren sollte. Um dieses Mythos Willen, war sie eine erbitterte Gegnerin des realen Rußlands.

Alexander Kerenski, Chef der Provisorischen Regierung, Memoirs

Gegenüber oben:
Der Zarewitsch Alexei mit seiner Mutter, der Zarin Alexandra Fjodorowna, vormals Alix von Hessen-Darmstadt. Um 1910–1915. Fotografie

Gegenüber unten:
Grigori Rasputin (1869–1916), russischer Wanderprediger und Wunderheiler, der durch seine Behandlungserfolge des an der Bluterkrankheit leidenden Zarewitsch Alexei intensiven Einfluss auf die Zarenfamilie hatte. Um 1910. Fotografie

Rechts:
Zar Nikolaus II., Zarin Alexandra Fjodorowna und ihre fünf Kinder im Livadija-Palast auf der Krim. Oktober 1909. Der Nachmittagstee war der Zarenfamilie heilig. Hier trafen sich russische Tradition und Alexandras englisches Erbe. Alle Türen wurden geschlossen, und Vater, Mutter und die fünf Kinder waren köstliche Augenblicke lang für sich.

„Noch vor ganz kurzer Zeit", sagte mir die Zarin, „glaubte ich, dass mich Russland hasse. Heute bin ich aufgeklärt. Ich weiß, dass mich einzig und allein nur die Petrograder Gesellschaft hasst, diese verderbte, gottlose Gesellschaft, die nur an Tanz und Nachtgelage denkt, die sich nur mit ihren Vergnügungen und Ehebrüchen beschäftigt … Jetzt ist mir im Gegenteil das große Glück zuteil geworden, zu wissen, dass ganz Russland, das wahre Russland, das Russland der Armen und der Bauern zu mir hält. Wenn ich Ihnen die Telegramme und die Briefe zeigen wollte, die ich jeden Tag aus allen Gegenden des Reiches erhalte …" Was die arme Zarin nicht weiß, ist, dass [ihre Minister] ihr täglich durch die Ochrana [die Geheimpolizei] über zwanzig Briefe und Telegramme zusenden lassen …

Großherzogin Viktoria Fjodorowna, 10. Januar 1917

Rechts:
Zar Nikolaus II. (Mitte) mit dem deutschen Kaiser Wilhelm II. (vorne links) im Gespräch mit einem höheren Offizier der Ehrenwache in der Hafenstadt Baltischport (heute Paldiski, Estland). 1912. Fotografie von Carl Bulla

Gegenüber unten links:
Zar Nikolaus II. (Mitte) bei seiner Ankunft in Kiew (Ukraine) am 29. August 1911. Fotografie. Im Empfangskomitee befindet sich auch Pjotr Stolypin (links hinter dem Zaren), der Innen-, Außen- und Premierminister, der im Amt des Premierministers von 1906 bis zu seiner Ermordung 1911 tiefgreifende Reformen im russischen Kaiserreich durchsetzte.

Gegenüber unten rechts:
Zar Nikolaus II. mit dem englischen König Georg V. (1865–1936). August 1913. Fotografie von Bain News Service

Rechts:
Zar Nikolaus II. und Zarin Alexandra in königlichen Kostümen aus dem 17. Jahrhundert beim Großen Kostümball im Winterpalast anlässlich der Zweihundertjahrfeier der Stadt St. Petersburg im Jahr 1903. Der Zar trägt ein Gewand seines Vorfahren Alexei Michailowitsch Romanow (1629–1676) aus rotem Samtbrokat, das extra aus dem Moskauer Geschichtsmuseum ausgeliehen wurde, die Zarin ein Kostüm von dessen zweiter Gemahlin Natalja Naryschkina. Für ihr Kostüm plünderte man die Schatztruhe der Zaren nach Cabochons, die auf den Brokatkaftan genäht wurden. Andere Edelsteine schmückten die Krone, die nach einem zeitgenössischen Vorbild gestaltet wurde, und Fabergé höchstpersönlich fertigte in aller Eile ein Halsband im alten Stil an, in das er einen der größten Saphire der Welt einarbeitete. Dieser prachtvolle Ball war das letzte große Fest des zaristischen Russland. Januar 1903. Fotografie

Links:
Zarewitsch Alexei auf der Terrasse der Sommerresidenz in Liwadija auf der Krim. Um 1910. Fotografie

Unten:
Schnappschüsse von der kaiserlichen Yacht „Standart“ auf einer Seite eines der Fotoalben des Zaren. Um 1912. Fotografien

Gegenüber:
Die Großfürstinnen Tatjana und Olga mit Anna Wyrubowa (rechts mit Kamera in der Hand), der Hofdame und engsten Vertrauten der Zarin Alexandra Fjodorowna, waten bei einem Ausflug im Finnischen Meerbusen in der Brandung. Um 1914. Fotografie

Als ein Mädchen sich wiederzufinden,
Das am Meeresstrand geht ohne
Schuh …

Anna Achmatowa, aus *Der Rosenkranz*

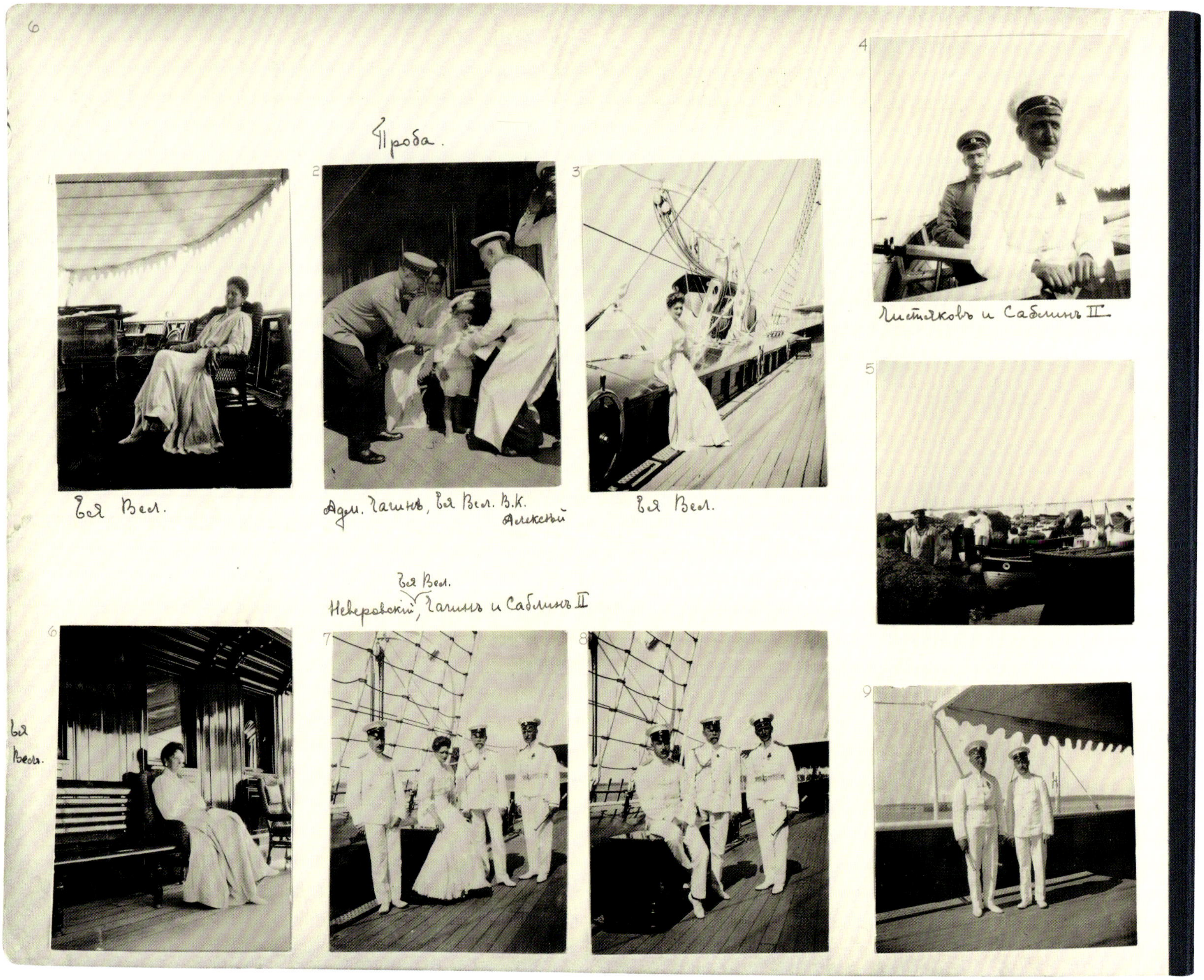

Tatianas Geburtstag; sie ist acht Jahre alt. Wir gingen in die Kirche und aßen *en famille*. Wir gingen spazieren; ich bin Boot gefahren. Es war heiß. Ich habe viel gelesen. Ich habe eine Krähe erlegt. Wir dinierten um halb neun.

Zar Nikolaus II., Journal intime, 29. Mai 1905

Oben:
Zar Nikolaus II. und Zarewitsch Alexei. In den Privatgemächern von Zarskoje Selo lässt sich der Zar in einem Kosakenkittel fotografieren. Alexei trägt eine Mütze und einen mit Pelz besetzten Mantel. 1910. Fotografie

Rechts oben:
Zarewitsch Alexei im Garten der Sommerresidenz Liwadija auf der Krim. Der Liwadija-Palast war die Sommerresidenz des letzten russischen Zaren Nikolaus II., sie wurde im Jahre 1910 anstelle eines früher vorhandenen Gebäudes erbaut und liegt in einem Vorort von Jalta, auf der Halbinsel Krim am Ufer des Schwarzen Meeres. Um 1910. Fotografie

Rechts unten:
Zarewitsch Alexei und Großfürstin Anastasia auf der Terrasse der Sommerresidenz in Liwadija auf der Krim. Um 1910. Fotografie

Oben:
Großfürstin Marie im Garten der Sommerresidenz Liwadija auf der Krim. Um 1910. Fotografie

Oben:
Zar Nikolaus II. und Zarewitsch Alexei in Husarenuniform auf der Terrasse der Zarin im Alexanderpalast von Zarskoje Selo. Um 1910. Fotografie

Gegenüber:
Zar Nikolaus II. und Zarin Alexandra auf der kaiserlichen Yacht „Standart". 22. Juni 1912. Fotografie aus den Fotoalben von Anna Wyrubowa

Du wirst diese Zeilen vor dem Zubettgehen lesen – vergiss nicht, daß Dein Frauchen für Dich betet und, o, soviel an Dich denkt und Dich ganz schrecklich vermisst ... Möge Gott Dich reichlich segnen, Dir Kraft und Weisheit, Tröstung, Gesundheit und Seelenfrieden geben, um auch in Zukunft tapfer Deine schwere Krone zu tragen – ach, es ist kein bequemes noch leichtes Kreuz, das Er auf Deine Schultern gelegt hat.

Alexandra an Nikolaus II., Brief vom 4. Mai 1915

Ermüdender Tag! ... Ich war schrecklich aufgebracht, als ich hineinging. ... um die Delegationen zu empfangen ... (ich sagte) „Ich bin glücklich, die Repräsentanten aller Klassen hier zu sehen, die gekommen sind, um ihre Loyalität als Untertanen zu bekräftigen. Ich glaube, sie sind aufrichtig ... aber es ist mir zu Ohren gekommen, dass ... gewisse Personen extravagante Träumereien über die Teilnahme an der Administration der öffentlichen Ordnung ermutigt haben ... Seien Sie versichert, dass ... ich die Prinzipien der Autokratie so eisern und unerschütterlich hoch halten werde, wie mein Vater vor mir." Wir fuhren um vier nach Hause zurück. Ich bin mit Onkel Sergej im Garten spazierengegangen.

Zar Nikolaus II., Journal intime, 17. Januar 1895, mit einem Auszug aus seiner Rede

Den Blutsbanden treu, die es mit dieser slawischen Nation verbindet, erhob das russische Volk seine Stimme gegen den Plan Habsburgs, die serbischen Brüder zu demütigen. Mich beim Arm packend sagte der österreichisch-ungarische Militärattaché in Sankt Petersburg, Fürst Franz von Hohenlohe: „Verstehen Sie nicht, daß Sie nicht in diesen Krieg eintreten dürfen? Wenn Sie es tun, riskieren Sie eine Revolution …“

Nicolas de Basily, Memoirs

Links:
St. Petersburg. Jubelnde Menge anlässlich des Empfangs des serbischen Gesandten M. Spalaikowitsch bei Kriegsausbruch. Juli 1914. Fotografie von Carl Bulla

Unten:
St. Petersburg. Menschenschlangen vor dem Redaktionsgebäude der „Neuen Zeit“ beim Lesen der Kriegsberichte. 1915. Fotografie von Carl Bulla

Rechts:
St. Petersburg. Begeisterte Menschenmenge bei der Ankunft von Wladimir Iljitsch Uljanow, genannt Lenin, auf dem Bahnhof. 16. April 1917. Fotografie

Unten:
St. Petersburg. Demonstration während der Februarrevolution in der Nähe des Taurischen Palastes. 1. März 1917. Fotografie

Tatsächlich wird mir die Ankunft Lenins als die schwerste Prüfung, welche der russischen Revolution auferlegt werden konnte, dargestellt.

Maurice Paléologue, 18. April 1917

Die Unruhen waren in Petrograd durch einen Mangel an Nahrungsmitteln, besonders an Brot, verursacht worden. Der Krieg hatte die Eisenbahnen gezwungen, sich über ihre Fähigkeiten hinaus anzustrengen, und das Resultat war eine zunehmende Desorganisation des Transportwesens. Die Verwaltung war nicht im Stande gewesen, das Problem der Nahrungsmittelversorgung zu lösen, das so wichtig für die Erhaltung der öffentlichen Ordung in der Hauptstadt war.

Nicolas de Basily, Memoirs

In den letzten Tagen gab es Unruhen in Petrograd; leider waren auch die Truppen daran beteiligt … Ich bin spazierengegangen … Es war sonnig. Nach dem Diner entschloss ich mich, so bald wie möglich nach Zarskoje Selo zu fahren. Ich nahm den Zug um ein Uhr nachts.

Zar Nikolaus II., Journal intime, 27. Februar 1917

Der Nordwesten

Der Großteil des Nordwestens wurde in den etwa hundert Jahren zwischen 1703 und 1809 Teil des Reiches. Durch russische Siege im Großen Nordischen Krieg kamen 1710 die beiden ursprünglich schwedischen Herrschaftsgebiete Estland und Lettland zu Russland, und 1809 folgte nach dem Finnischen Krieg auch das Herzogtum Finnland, das davor das östliche Drittel Schwedens ausgemacht hatte. Im Gegensatz zu den baltischen Staaten Estland, Lettland und Litauen, die Russland direkt unterstellt waren, erhielt sich Finnland ein großes Maß an Selbstbestimmtheit: Das Land wurde nicht offiziell annektiert, finnisches Recht behielt Gültigkeit und der russische Zar begnügte sich, obwohl offizieller Souverän, mit dem vergleichsweise bescheidenen Titel eines Erzherzogs. Anhaltende Bemühungen, Finnland zu russifizieren, blieben erfolglos, und die historisch betrachtet dominierende schwedische Kultur wich nach und nach einer finnischen Landeskultur.

Als Folge dieser territorialen Eingliederungen sprachen die Völker des nordwestlichen Reiches sehr unterschiedliche Sprachen: Russisch, Lettisch (eine baltische Sprache), die uralischen Sprachen Finnisch und Estnisch, Schwedisch und Norwegisch, Deutsch und Polnisch mit all ihren Dialekten sowie in der Gegend um Archangelsk die pomorischen Dialekte Nordrusslands. Deutschstämmige dominierten die Mittelklasse in Estland und Lettland, wo sie auch gesellschaftliche und politische Privilegien genossen, die den einheimischen Völkern verwehrt blieben. Bis 1891 war Deutsch sogar die offizielle Amtssprache in der wohlhabenden Hauptstadt Riga. Auch in Finnland teilten sich die deutschen Kaufmannsfamilien die höchsten Posten mit den traditionell tonangebenden Schweden. In Finnland und den russisch regierten Ländern Estland und Lettland blieb die evangelisch-lutherische Kirche die häufigste Konfession, während überall sonst der russisch-orthodoxe Glaube überwiegte.

Im gesamten Nordwesten waren die Holzindustrie und, mit Ausnahme von Finnland, der Fischfang die wichtigsten Wirtschaftszweige. Auch Flachs und Kartoffeln waren recht weit verbreitet. Der Holzhandel war es auch, der Archangelsk gegen Ende des neunzehnten Jahrhunderts zu neuem Aufschwung verhalf. Archangelsk, obwohl fünf Monate des Jahres von Eis eingeschlossen, war einst der wichtigste Meeresverkehrshafen des Reiches gewesen, dann aber im frühen achtzehnten Jahrhundert vom eisfreien Sankt Petersburg überrundet worden. Mit der Fertigstellung einer Eisenbahnverbindung nach Moskau im Jahr 1897 jedoch kam die Stadt zu neuer Blüte.

Eine direkte Zugsverbindung mit Sankt Petersburg war für die Fischereien von Murmansk ein ähnlich großer Gewinn. Diese letzte im Russischen Reich gegründete, weit im Nordwesten an der Kola-Bucht gelegene Stadt besitzt trotz subarktischem Klima einen ganzjährig eisfreien Hafen, ein Glücksfall, der dort 1915 zur Errichtung einer Endstation für Rüstungslieferungen der Alliierten im Ersten Weltkrieg führte. Im darauffolgenden Jahr wurde Murmansk offiziell zur Stadt erhoben, obwohl es dort nur wenig mehr als eine Siedlung mit Bahnhof und Hafen gab.

Seine vielen Seen und Wälder machten den Nordwesten auch zu einer beliebten Region für die Sommerhäuser der wohlhabenden Familien von Sankt Petersburg und sogar Moskau. Mächtig und stark fließt der Wolga-Baltik-Kanal (Mariinski-Kanal zu Zarenzeiten) durch den Nordwesten und unterstreicht die Bedeutung seiner Häfen und Bodenschätze. Der Bau des Kanals begann 1709 und dauerte über zwei Jahrhunderte. Er verbindet mit einem über 1100 Kilometer langen Wegnetz von Flüssen und Kanälen die Wolga mit dem Sankt Petersburger Industriegebiet und schließlich mit der Ostsee.

Mit dem Friedensvertrag von Brest-Litowsk zwischen der neuen bolschewistischen Regierung und den Mittelmächten wurden Finnland und die baltischen Staaten Estland und Lettland im März 1918 von russischer in deutsche Hand gegeben. Mit dem Waffenstillstand, der im November desselben Jahres den Ersten Weltkrieg beendete, wurden alle drei Staaten unabhängig.

Unten:
Eine samojedische Familie vor ihrem Zelt. Die Samojeden sind eine nichtrussische Ethnie, die in Teilen Nordwestrusslands, Mittel- und Südsibiriens ursprünglich als Nomaden lebten und sich von ihren Rentierherden, von Fischfang und von der Jagd ernährten. 1905. Fotografie von Carl Bulla

Gegenüber:
Landkarte Russland. Aus: B. Kozenns Geographischer Atlas. Tafel No. 24. 39. Auflage. Ed. Hölzel Verlag: Wien 1905

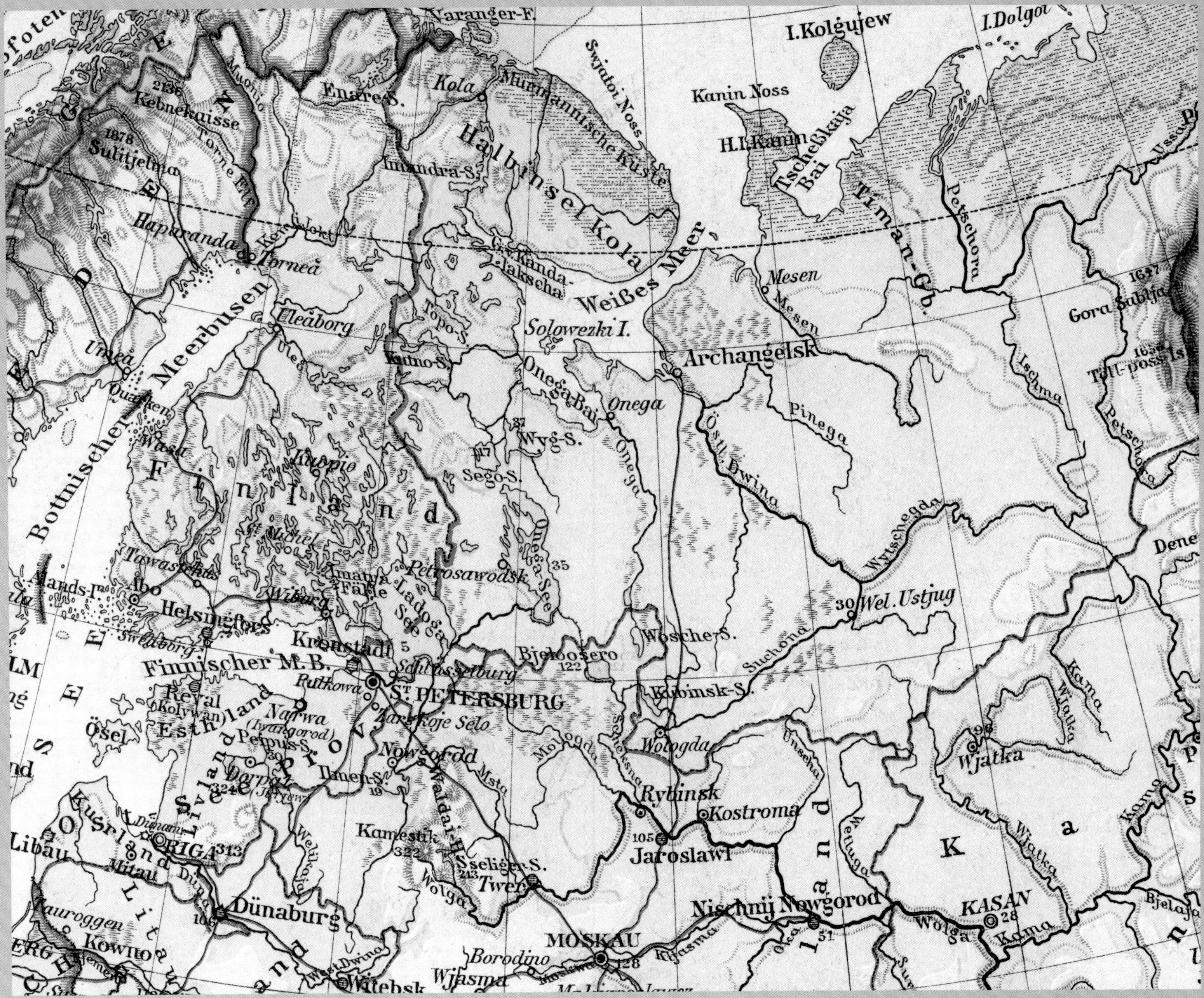
Waranger-F.
I.Kolgujew
I.Dolgoi
Kanin Noss
Swjatoi Noss
Kebnekaisse
Sulitjelma
Enare-S.
Kola
Murmannische Küste
Halbinsel Kola
H.I.Kanin
Tscheßkaja Bai
Timan-Gb.
Petschora
Imandra-S.
Haparanda
Torneå
Weißes Meer
Mesen
Gora Sablja
Ulea borg
Solowezki I.
Topo-S.
Archangelsk
Umeå
Meerbusen
Bottnischer
Onega-Bai
Onega
Pinega
Ischma
Petschora
Wyg-S.
Sego-S.
Östl. Dwina
Finland
Kuopio
St. Michel
Petrosawodsk
Onega-See
Ladoga-See
Wytschegda
Tawastehus
Abo
Helsingfors
Wiborg
Wel. Ustjug
Kronstadt
Finnischer M.B.
Schlüsselburg
Bjeloosero
Kubinsk-S.
Suchona
Reval
Narwa
St. PETERSBURG
Zarskoje Selo
Ösel
Peipus-S.
Nowgorod
Wologda
Wjatka
Kama
Ilmen-S.
Mologa
Dorpat
Rybinsk
Kostroma
Libau
RIGA
Mitau
Kamenstk
Waldai-Hs.
Jaroslawl
Wjatka
Seliger-S.
Twer
Wolga
Dünaburg
Nischnij Nowgorod
KASAN
Kowno
MOSKAU
Borodino
Wjasma
Witebsk

Oben:
Der Fotograf Sergei Prokudin-Gorski (rechts vorn) auf einer Draisine bei Petrosawodsk am Onegasee 1915. Die Bahnverbindung zwischen St. Petersburg und Murmansk, dem einzigen ganzjährig eisfreien Hafen Nordwestrusslands, wurde zwischen 1915 und 1917 erbaut, um die Nachschublinien durch die Entente-Mitglieder Frankreich und England sicherzustellen. Drei-Farben-Fotografie. Alle drei Abbildungen aus dem Album „Ansichten entlang der Murmanbahn [zwischen St. Petersburg und Murmansk]"

Rechts:
Eisenbahnbrücke über den Schuja-Fluss in Karelien. 1915. Drei-Farben-Fotografie von Sergei Prokudin-Gorski

Unten:
Gruppe von Eisenbahnkonstrukteuren auf einem Floß. 1915. Drei-Farben-Fotografie von Sergei Prokudin-Gorski

Ich bin ins Leben geworfen, das die Ströme
Des Volkes den Strom der Jahrzehnte hinunterträgt …

Boris Pasternak, Death of a Poet

Oben:
Der 84jährige Schleusenwärter Pinkus Karlinski, seit 66 Jahren für das Tschernigow-Schleusentor am Mariinski-Kanal verantwortlich. 1909. Drei-Farben-Fotografie von Sergei Prokudin-Gorski

Gegenüber:
Holzflöße am Peter-der-Große-Kanal bei Schlüsselburg am Ladogasee. 1909. Drei-Farben-Fotografie von Sergei Prokudin-Gorski. Beide Abbildungen aus dem Album „Ansichten entlang des Mariinski-Kanals [Wolga-Ostsee-Kanal] und Flusssystems"

Oben:
Archangelsk, Föderationskreis Nordwestrussland, an der Mündung der Nördlichen Dwina ins Weiße Meer. Das Sägewerk „Sourkof & Chergold". 1910. Fotografische Postkarte (Phototypie Scherer, Nabholz & Co., Moscou)

Links:
Zündholzfabrik des Fürsten Wittgenstein in Siwerskaja bei St. Petersburg. Um 1895. Fotografische Postkarte

Gegenüber:
Russische Soldaten der Leibgarde auf einem Eissegler am Finnischen Meerbusen an der Grenze zum autonomen Großfürstentum Finnland, bis 1917 Teil des Russischen Reichs. 1900. Fotografie von Carl Bulla

Links:
Fischerboot und Fangnetze in Karelien. 1915. Drei-Farben-Fotografie von Sergei Prokudin-Gorski

Unten:
Fischräuchereibetrieb in Karelien. 1915. Drei-Farben-Fotografie von Sergei Prokudin-Gorski

Gegenüber:
Fischersiedlung in Karelien. 1915. Drei-Farben-Fotografie von Sergei Prokudin-Gorski. Alle drei Abbildungen aus dem Album „Ansichten entlang der Murmanbahn [zwischen St. Petersburg und Murmansk]“

Mit den Fischern pflegte ich Freundschaft.
Unter umgekipptem Boote saß ich
Oft mit ihnen im Regen zusammen,
Hörte aufmerksam zu, wenn vom Meer sie erzählten,
Jedem ihrer Worte heimlich glaubend.

Anna Achmatowa, Am Ufer des Meeres

Eine weit ausgedehnte Wiese war schon gemäht und das süß duftende Heu leuchtete mit einem besonderen frischen Glitzern in den schrägen Strahlen der untergehenden Sonne …

Leo Tolstoi, Anna Karenina

Oben:
Leuschino bei St. Petersburg. Nonnen des Leuschino-Klosters bei der Heuernte. 1909. Drei-Farben-Fotografie von Sergei Prokudin-Gorski

Rechts:
Mutter Oberin auf der Veranda des Leuschino-Klosters. 1909. Drei-Farben-Fotografie von Sergei Prokudin-Gorski

Unten:
Das Gorizki-Kloster in Pereslawl-Salesski bei Jaroslawl. 1909. Drei-Farben-Fotografie von Sergei Prokudin-Gorski. Alle drei Abbildungen aus dem Album „Ansichten entlang des Mariinski-Kanals [Wolga-Ostsee-Kanal] und Flusssystems“

Oben:
Kindergruppe auf einem Abhang vor einem Kirchturm, in der Nähe des Weißen Meers, Nordwestrussland. 1909. Drei-Farben-Fotografie von Sergei Prokudin-Gorski

Links:
Kapelle für Wassersegen im Dorf Dewjatiny. 1909. Drei-Farben-Fotografie von Sergei Prokudin-Gorski. Beide Abbildungen aus dem Album „Ansichten entlang des Mariinski-Kanals [Wolga-Ostsee-Kanal] und Flusssystems“

Oben:
Heumahd. 1909. Drei-Farben-Fotografie von Sergei Prokudin-Gorski. Aus dem Album „Ansichten entlang des Mariinski-Kanals [Wolga-Ostsee-Kanal] und Fluss-systems“

Rechts:
Gerät zum Pressen von Heuballen. 1915. Drei-Farben-Fotografie von Sergei Prokudin-Gorski

Unten:
Volkstypen aus Karelien. 1915. Fotografie von Sergei Prokudin-Gorski. Beide Abbildungen aus dem Album „Ansichten entlang der Murmanbahn [zwischen St. Petersburg und Murmansk]"

Die Institution des Gemeinschaftseigentums ist nicht besonders russisch: Sie findet sich überall auf einer primitiven Stufe der Evolution des Landeigentums. Mit der Entwicklung von Kultur und politischer Organisation weicht sie dem Privateigentum. Aber wenn dieser Prozess verzögert wird, besonders durch künstliche Maßnahmen wie bei uns, dann verfaulen Volk und Staat.

Sergei Witte, Erinnerungen

Wenn Du wüßtest, wie verzweifelt russische Dörfer gute, intelligente, gebildete Lehrer brauchen!

Anton Tschechow, in Gorkis *Reminiscences*

Gegenüber:
Russisches Bauernpaar. Um 1900. Fotografische Postkarte (Phototypie Scherer, Nabholz & Co., Moscou)

Unten links:
Bauer mit seinem Sohn beim Pflügen. Um 1910. Fotografie von Keystone

Oben:
Russische Bäuerinnen in Volkstracht, gruppiert um einen Tisch mit Brot und Salz. Um 1900. Fotografische Postkarte (Phototypie Scherer, Nabholz & Co., Moscou)

Unten rechts:
Finnischer Bauer beim Ausgraben von Kartoffeln. 1905–1915. Fotografie von Sergei Prokudin-Gorski

Gegenüber:
Kirillow am Nördlichen Dwina-Kanal. Bauernmädchen mit Schüsseln voller Beeren. Drei-Farben-Fotografie von Sergei Prokudin-Gorski

Oben:
Bauern bei der Heumahd. 1909. Drei-Farben-Fotografie von Sergei Prokudin-Gorski

Links:
Holzfäller am Swir Fluss, der den Onegasee mit dem Ladogasee verbindet. 1909. Drei-Farben-Fotografie von Sergei Prokudin-Gorski. Alle drei Abbildungen aus dem Album „Ansichten entlang des Mariinski-Kanals [Wolga-Ostsee-Kanal] und Flusssystems“

Oben:
Sergei Prokudin-Gorski in einer Studie am Kiwatsch-Wasserfall, dem zweitgrößten Flachwasserfall Europas, am Suna-Fluss, Karelien. 1915. Drei-Farben-Fotografie von Sergei Prokudin-Gorski. Aus dem Album „Ansichten entlang der Murmanbahn [zwischen St. Petersburg und Murmansk]"

Gegenüber:
Materiki bei Wologda rund 500 km nordöstlich von Moskau, Nordwestrussland. Studie einer Datscha am Wasser. Drei-Farben-Fotografie von Sergei Prokudin-Gorski. Aus dem Album „Ansichten entlang des Mariinski-Kanals [Wolga-Ostsee-Kanal] und Flusssystems"

Links:
Auf der Datscha. 1905–1915. Fotografie von Sergei Prokudin-Gorski

Oben:
Kornblumen in einem Roggenfeld. 1909. Drei-Farben-Fotografie von Sergei Prokudin-Gorski. Aus dem Album „Ansichten entlang des Mariinski-Kanals [Wolga-Ostsee-Kanal] und Flusssystems"

Folgende Seite:
Der Schriftsteller Leonid Andrejew (1871–1919) und seine Frau, Gräfin Anna Wielhorska, im Garten ihres Hauses in Vammelsuu am Finnischen Meerbusen. Um 1912. Stereo-Autochrom aus Andrejews Familienalbum

Es streut, wie Bronzestaub die Schwärze,
Der Garten Käfer aus im Traum.
Schon hängen dort mit mir …
Die Welten aufgeblüht im Baum.

Boris Pasternak, aus *Feste*

Für einen Augenblick ... die Gestalt meines Vaters in seinem windgekräuselten weißen Sommeranzug ... in einer seltsam lässigen Haltung ...

Vladimir Nabokov, Sprich, Erinnerung, sprich!

Ich versuchte, strohfarbene Handschuhe zu finden, aber eine Dame im Geschäft warnte mich, daß Strohfarben nicht mehr in Mode waren. Ich vermute, sie hat mich angeschwindelt. In Wahrheit schätzte sie die Freiheit ihres Herzens zu sehr, um zu riskieren, daß sie mich in strohfarbenen Handschuhen unwiderstehlich finden könnte.

Leonid Andrejew, in Gorkis *Reminiscences*

Mit dem schrillen und fröhlichen Klang der Trillerpfeife, die zu meinem ersten Matrosenanzug gehörte, ruft mich meine Kindheit in jene ferne Vergangenheit zurück …

Vladimir Nabokov, Sprich, Erinnerung, sprich!

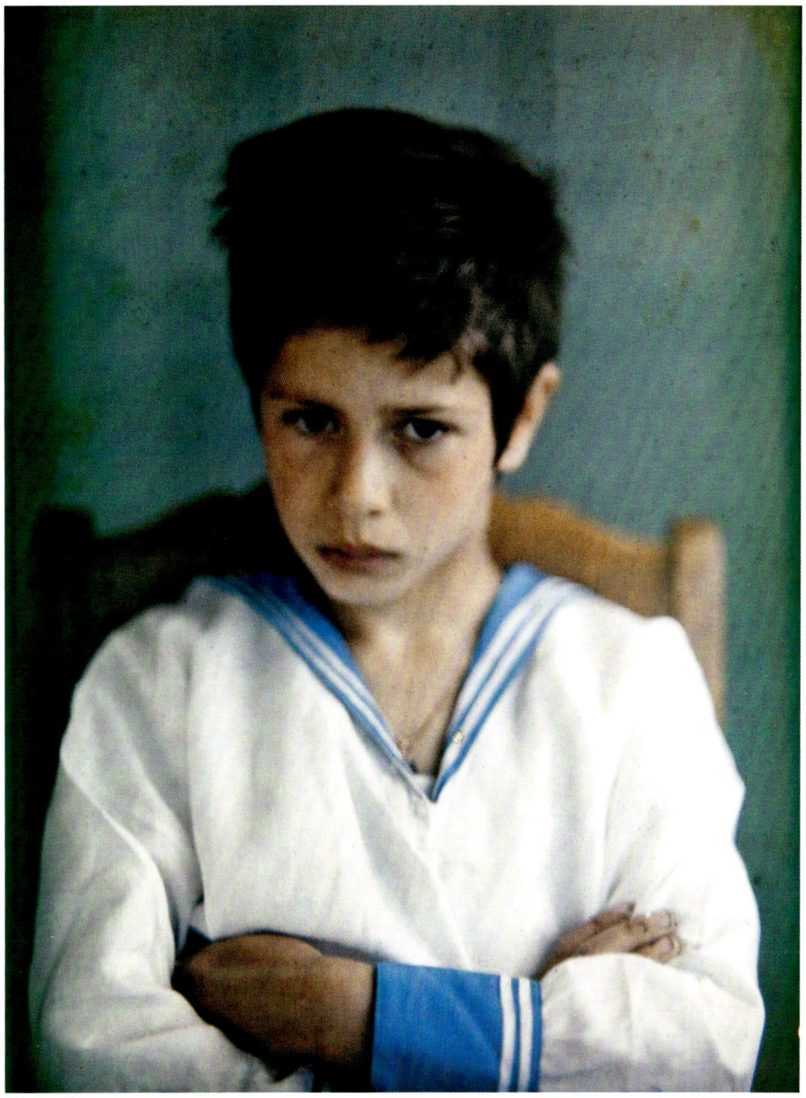

Ich habe noch keinen Tag in meinem Leben gearbeitet. In … einer Familie geboren, die keine Sorgen kannte – wo sollte ich es lernen.

Tusenbach, in Tschechows *Die drei Schwestern*

Vorhergehende Seite:

Oben links:
Leonid Andrejew am Strand des Finnischen Meerbusens in Vammelsuu. Um 1912. Stereo-Autochrom

Oben rechts:
Wadim, der Sohn von Leonid Andrejew, im Matrosenanzug. Um 1912. Stereo-Autochrom

Unten links:
Leonid Andrejew und sein Sohn Wadim beim Nacktbaden in Vammelsuu am Finnischen Meerbusen. Um 1912. Stereo-Autochrom

Unten rechts:
Leonid Andrejews Sohn Wadim mit einem kleinen Mädchen in einer Wiese in Vammelsuu am Finnischen Meerbusen. Um 1912. Stereo-Autochrom

Links:
Mittagsgesellschaft im Sommerhaus von Leonid Andrejew (Mitte ganz hinten in weißem Anzug) in Vammeluu, u.a. mit Andrejews Verleger, dem Architekten des Hauses und Ilja Repin (neben Andrejew in schwarzem Anzug). Um 1912. Stereo-Autochrom

Oben:
Riga, heute Hauptstadt von Lettland. Hafengebiet an der Düna. Um 1910. Fotografie

Links:
Riga. Eisenbahnbrücke über die Düna. Um 1890–1900. Photochrom

Unten:
Helsinki [Helsingfors], seit 1809 Großfürstentum Finnland des Russischen Reiches, heute Hauptstadt von Finnland. Hafenkai, im Hintergrund die russische Kathedrale. Um 1895. Fotografie

Oben:
Wilna, heute Hauptstadt von Litauen. Westlicher Teil der Stadt am Vilnia-Fluss. 1912. Fotografie von Sergei Prokudin-Gorski. Aus dem Album „Ansichten aus dem Gebiet von Napoleons Russlandfeldzug 1812“

Oben:
Wilna. Jüdischer Wasserträger. Um 1900. Fotografie

Unten:
Wilna. Alter jüdischer Friedhof. Um 1918. Fotografie

Rechts:
Jüdische Bauern aus der Gegend um Wilna. Um 1910. Fotografie

Wem soll ich erzählen von meiner Trauer,
Wer wird mein Seufzen, mein Schluchzen erhören?
Du kennst allein meinen Kummer, o Herr,
Du kannst allein ihn ganz ermessen.

Josefs Klage, aus dem Buch Genesis und ein Altrussisches Kirchenlied

Der Westen

Das westliche Reich umfasste Teile des heutigen Polen und Litauen sowie den Großteil der Ukraine, außerdem Bereiche des ethnischen Russland und das heutige Weißrussland. Peter der Große hatte die ukrainischen Gebiete nach dem Großen Nordischen Krieg zwischen Russland und Schweden (1700–21) erobert, und 1795 kam durch die Auflösung des chaotischen Vielvölkerstaates Polen-Litauen auch noch der Großteil dieses Territoriums zum Russischen Reich. Die westlichen Ländereien waren daher vielsprachig und multikonfessionell. Der Einfluss der katholischen Polen und Litauer auf die russisch-orthodoxe Bevölkerung führte zur Gründung der Unierten Kirchen, die, zumindest in der Ukraine, noch heute die meisten Anhänger haben.

Im westlichen Reich lebten, hauptsächlich wegen eben dieser Einverleibung des Großteils von Polen-Litauen gegen Ende des achtzehnten Jahrhunderts, auch die meisten Juden des Reiches. Der Ansiedlungsrayon, eine Erfindung von Katharina der Großen, die bis 1917 Gültigkeit behielt, verpflichtete mit wenigen Ausnahmen alle Juden des Reiches, sich ständig innerhalb der westlichen Gebiete (beziehungsweise anfänglich auch noch einiger südlicher Gebiete) niederzulassen. Die vorwiegend jüdische Stadt Vilnius (Litauen) wurde sogar als Hauptstadt eines neu zu gründenden Judenstaates in der Region vorgeschlagen. Vilnius war politisch und kulturell liberal und es gab hier auch polnisch-, weißrussisch- und litauisch-nationale Bewegungen. Sehr wenige der ethnischen Litauer lebten allerdings tatsächlich in Vilnius: Die meisten arbeiteten im landwirtschaftlichen Sektor außerhalb der Stadt.

Bis weit ins neunzehnte Jahrhundert hinein war sogar das ukrainische Kiew nicht mehr als ein Kaff am Dnepr. Die einst große Hauptstadt der Rus, eine der ältesten Städte Osteuropas, war durch die einfallenden Mongolen im dreizehnten Jahrhundert großteils zerstört worden und kam erst durch die starke industrielle Entwicklung (und das Aufkommen der Eisenbahn) im späten neunzehnten Jahrhundert zu neuer Blüte.

Die wichtigste Stadt im westlichen Reich war Warschau, das, vormals in preußischer Hand, 1815 zur Hauptstadt einer konstitutionellen Monarchie unter russischer Oberhoheit wurde (und der Zar Russlands somit auch zum König Polens). Im Laufe des Jahrhunderts führte diese Konstellation zu vorübergehender Rebellion, um 1900 jedoch war die Stadt dann friedlich modernisiert worden und hatte eine Bevölkerung von etwa 630.000 Menschen.

Das westliche Reich bestand großteils aus armen, bäuerlichen Landstrichen, abgesehen von Teilen der Ukraine, die im fruchtbaren *chernozem* (schwarzerdigen) Gürtel lagen und verlässlich einen Getreideüberschuss für Exportzwecke abwarfen. Die für den Export gefragten Anbaupflanzen Weizen und später auch Zuckerrübe wurden jedoch meist auf den großen Gütern der Landbesitzer angebaut. Die Kleinbauern pflanzten auf ihrem eigenen Land traditionsgemäß eher Roggen und Hafer, manchmal etwas Flachs und Kartoffeln. Nach der Bauernbefreiung von 1861 stieg die Weizenproduktion enorm an, sodass 1910 russischer Weizen (der Großteil davon aus westlichen Gebieten) bereits 35 Prozent der Weltexportbestände ausmachte. Dieses Wachstum lag allerdings mehr an frostbeständigeren Weizensorten und nicht an fortschrittlicheren Anbautechniken: Auch nach der Befreiung der Leibeigenen gemahnten die Arbeitsbedingungen an Sklaverei, sodass das Zarenreich in der Produktivität weiterhin hinter Westeuropa herhinkte.

Der westliche Teil des Russischen Reiches machte einen Großteil der Ostfront im Ersten Weltkrieg aus. Patriotische Polen hofften aus der gegenseitigen Zerstörung der Mittel- und alliierten Mächte als eigenständige Nation hervorzugehen und kämpften auf ehemals polnischen Territorien zahlreiche Schlachten. Im Winter der Jahre 1916 und 1917 waren die deutschen und russischen Streitkräfte in Vilnius gezwungen einen Waffenstillstand einzugehen, um den Rudeln hungriger Wölfe, die die Stadt plünderten, Herr zu werden.

Wie Finnland und die baltischen Staaten Estland und Lettland wechselten Polen und die anderen westlichen Länder Litauen, Ukraine und Weißrussland im März 1918 mit der Unterzeichnung des Friedensvertrags von Brest-Litowsk zwischen Mittelmächten und Bolschewiken von der russischen in die deutsche Oberhoheit. Durch den Waffenstillstand, der den Ersten Weltkrieg beendete, erlangten im November desselben Jahres alle ihre Unabhängigkeit.

Unten:
In einem jüdischen Schtetl in Russisch Polen. Um 1900. Fotografie

Gegenüber:
Landkarte Russland. Aus: B. Kozenns Geographischer Atlas. Tafel No. 24. 39. Auflage. Ed. Hölzel Verlag: Wien 1905

STOCKHOLM
Norrköping
Jönköping
Kalmar
Öland
Gotland
Karlskrona
Malmö
Bornholm
Finnischer M.B.
Kronstadt
Reval
Kolywan
Esthland
Narwa
Iwangorod
Peipus-S.
Ösel
Dorpat
Jurjew
Dünamünde
RIGA
Mitau
Libau
Kurland
Livland
Pulkowa
ST PETERSBURG
Zarskoje Selo
Schlüsselburg
Bjeloosero
Wosche-S.
Kubinsk-S.
Wologda
Mologa
Rybinsk
Kostrom
Jaroslawl
Nowgorod
Ilmen-S.
Msta
Kamestik
Waldai H.
Sseliger-S.
Twer
Wolga
Nischnij N
Dünaburg
KÖNIGSBERG
DANZIG
Tauroggen
Kowno
Litauen
Suwalki
Augustow
WILNA
Grodno
Bjelostok
Ostrolenka
Nowo Georgiewsk
Modlin
Posen
Kalisch
Lodz
WARSCHAU
Praga
Brest
Litowsk
Polen
Lublin
Czenstochau
Krakau
Weichsel
LEMBERG
Karpaten
Kaschau
Dnjestr
Minsk
Borisow
Beresina
Bobruisk
Rokitno-Sümpfe
Pinsk
Pripet
Polesie
Wolynien
Dubno
Schitomir
Witebsk
West Dwina
Smolensk
Mohilew
Borodino
Wjasma
MOSKAU
Malojaroslawez
Kaluga
Tula
Rjäsan
Brjansk
Orel
Tambow
Kursk
Tschernigow
Desna
Woronesch
Don
KIJEW
Klein-Rußland
Berditschew
Podolien
Kamenez Podolski
Chotin
Czernowitz
Poltawa
Krementschug
CHARKOW
Jekaterinoslaw
Porogen
Jelisawetgrad
Ukraine
KISCHINEW
Bessarabien
Tiraspol
Bender
Nikolajew
Cherson
Berdiansk
Taganrog
Rostow
N.Tscher
Asow
BUDAPEST
Großwardein
Klausenburg
Szegedin
UNGARN
Theiß
Jassy
Großrußland
Süd-Rußland
OSTSEE
DEUTSCHES REICH

Oben:
Witebsk, heute Weißrussland [Wizebsk]. Himmelfahrtskathedrale. 1912. Drei-Farben-Fotografie von Sergei Prokudin-Gorski. Aus dem Album „Ansichten aus dem Gebiet von Napoleons Russlandfeldzug 1812“

Links:
Mogilew, heute Weißrussland [Mahiljou]. Theaterplatz. Um 1910. Fotografische Postkarte

Gegenüber:
Bauer auf dem Weg zum Markt von Kamenka, heute Ukraine [Kamjanka]. Um 1870. Fotografie von William Carrick

Oben links:
Pinsk, heute Weißrussland. Unbefestigte Straße mit Pferdefuhrwerk. 1916. Fotografische Postkarte

Oben rechts:
Wolpa, Russisch Polen, heute Weißrussland [Woupa]. Die berühmte Holzsynagoge aus der ersten Hälfte des 18. Jahrhunderts, im Zweiten Weltkrieg 1941 zerstört. Um 1910. Fotografie

Mitte rechts:
Pinsk. Hauptstraße mit Kirchen. Um 1910. Fotografische Postkarte

Unten rechts:
Typisches osteuropäisches Bethaus, rechts im Bild die durch Holzgitter abgegrenzte „Frauen-" oder „Weiberschul". Um 1905. Fotografie

Alle russischen Kinder müssen getauft werden, das heißt, die Kinder Orthodoxer Eltern; der Staat betrachtet Katholiken, Juden, Moslems oder Protestanten nicht als Russen: sie sind lediglich nicht-einheimische Untertanen.

Anonym, Confession sexuelle

Oben links:
Jüdische Straßenmusikanten in Warschau. Um 1890. Fotografie

Oben rechts:
Warschau, Russisch Polen, heute Hauptstadt von Polen. Marktszene. Um 1897. Stereofotografie von B. W. Kilburn

Links:
Warschau. Jüdische Kinder. Um 1897. Stereofotografie von B. W. Kilburn

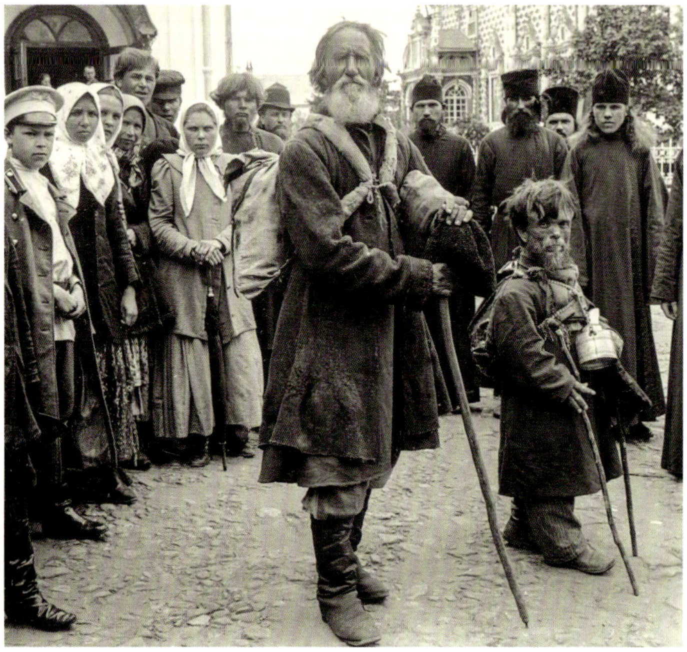

Oben:
Warschau, Russisch Polen, heute Hauptstadt von Polen. Markt auf einem Platz der historischen Altstadt. Um 1890–1900. Photochrom

Rechts:
Straßenszene mit zwei Bettlern, im Hintergrund russisch-orthodoxe Priester. Um 1900. Fotografie

Gegenüber:
Warschau. Russisches Gymnasium und Nikolaus-Kopernikus-Denkmal. Um 1910. Fotografie

Ich kam ungefähr zu Mittag am Karfreitag in Kiew an … Es war eine Erleichterung, Hügel und einen echten Fluss zu sehen.

R.H. Bruce Lockhart, Memoirs of a British Agent

Oben:
Kiew, heute Hauptstadt der Ukraine. Das Podol-Quartier, die alte Handels- und Hafengegend der Stadt am Dnjepr. Um 1890–1900. Photochrom

Rechts:
Kiew. Die Nikolaus-Kettenbrücke über den Dnjepr. Um 1890–1900. Photochrom

Unser Russisches Reich besteht aus einer Vielzahl von Städten: Haupt-, Gouvernements-, Kreis- und Nichtkreisstädten ... und die Mutter der russischen Städte ist Kiew.

Andrei Bely, Petersburg

Oben:
Kiew. Das Höhlenkloster (Kijewo-Petscherska Lawra), eines der ältesten russisch-orthodoxen Klöster der Ukraine, im Vordergrund der Glockenturm. Um 1890–1900. Photochrom

Ich „absolvierte“ Kiew mit der Gründlichkeit eines typischen amerikanischen Touristen ... Das schöne Wetter hatte die gesamte Stadt auf die Straßen gebracht: Russen, die ihre Ostereinkäufe machten, und jüdische Ladenbesitzer, die sich um sie kümmerten. Denn trotz seiner Kirchen ist Kiew fast mehr jüdisch als christlich.

R.H. Bruce Lockhart, Memoirs of a British Agent

Gegenüber:
Kiew. Milchmädchen in ihrer traditionellen Tracht, die irdenen Milchkrüge an Holzstangen aufgereiht. Um 1900. Fotografie

Oben:
Kiew. Die Kreschtschatik-Straße, der Prachtboulevard der Stadt. Um 1890–1900. Photochrom

Links:
Kiew. Die Nikolajew-Straße. Um 1890–1900. Photochrom

Oben:
Kinder beim Baden in der Wolga. Um 1910. Fotografie

Links:
Badende an der Düna bei Polozk, heute Weißrussland [Polazk]. Um 1910. Fotografische Postkarte

Unten:
Russische Bäuerinnen mit gelüpften Röcken beim Waschen in Derewok, Rayon Ljubeschow, heute Ukraine. 1916. Fotografische Postkarte

In Rußland, besonders auf dem Land, schwimmen Menschen aller Alter und beider Geschlechter oft völlig nackt in den Flüssen und dem Meer.

Anonym, 1912

Ist das ein Mief in Rußland! Ranzig, stickig alles … Ich kann Rußland nicht ausstehen! … Unbildung, Gestank, und statt des *Cachenez* übelriechende Fußlappen …

Glagoljew, in Tschechows *Die Vaterlosen (Platonow)*

Oben:
Bäuerin beim Zerstampfen von Getreide mit einem Holzstößel. Um 1910. Fotografie

Links:
Ukrainisches Bauernmädchen. 1905–1915. Drei-Farben-Fotografie von Sergei Prokudin-Gorski. Aus dem Album „Verschiedene Ansichten und Studien aus dem Russischen Reich"

Aber die Bauern ... die ich kuriere: Ich sollte sie lieben als Arzt, aber sie sind dreckig, abgestumpft, einer wie der andere.
Astrow, in Tschechows *Onkel Wanja*

Gegenüber:
Bewohner eines russischen Dorfs in ihrer typischen Kleidung. Um 1910. Fotografie

Rechts:
Bauernfamilie vor ihrem Haus in Derewok, Ukraine. Um 1910. Fotografische Postkarte

Der Südwesten

Der Südwesten war ein reiches, vielfältiges Gebiet, das fast das gesamte Schwarze Meer umfasste und im Osten den gigantischen Salzwassersee des Kaspischen Meeres berührte. Er erstreckte sich über die südliche Ukraine, Bessarabien (das östliche Moldawien), Georgien, Armenien, Aserbaidschan und mehrere Provinzen der nördöstlichen Türkei. Nur wenige der dort lebenden Menschen waren ethnisch gesehen Russen. Innerhalb des Reiches waren sie offiziell als *inorodzy*, Nicht-Slawen oder, wörtlich übersetzt, „Menschen anderen Ursprungs" registriert. Sie sprachen persisch oder eine der vielen turkischen oder kaukasischen Sprachen, manche waren deutsche Bauern, die von den mennonitischen Siedlern abstammten, die unter Katharina der Großen ins Land gekommen waren, und in Odessa, der wichtigen Hafenstadt, gab es eine große jüdische Gemeinde. Abgesehen von den Schiiten in Aserbaidschan und den türkischen Sunniten praktizierten die meisten südwestlichen Völker eine Form christlich-orthodoxen Glaubens.

Russland erlangte im Südwesten im späten achtzehnten und neunzehnten Jahrhundert nach und nach immer mehr Einfluss. Land wurde den Persern, dem Osmanischen Reich und den Krimtataren abgerungen. Der lange Kaukasische Krieg (1817–64) endete mit der Annektierung des muslimischen Nordkaukasus, darunter Tschetschenien, Dagestan und Tscherkessien. Die unbeugsamen Tscherkessen wurden in Folge in einem frühen Fall einer „ethnischen Säuberung" ins Exil gezwungen. Die jahrhundertelange Feindschaft mit den Türken in Kombination mit der wirtschaftlichen Bedeutung des Schwarzen Meeres, das Osteuropa von Westasien trennt, waren die Hauptgründe für Russlands Vordringen in den Süden.

Das Schwarze Meer selbst war einer der Hauptschauplätze des Krimkrieges (1853–56) zwischen Russland und den verbündeten britischen, französischen und osmanischen Reichen sowie dem Königreich Sardinien. Russland war unter dem Vorwand, die christlichen Untertanen des osmanischen Reiches schützen zu wollen, in den Krieg eingetreten. Durch die Niederlage verlor das Zarenreich jedoch das Recht, an seiner langen Schwarzmeerküste Truppen zu stationieren, was seine Position den Türken gegenüber natürlich stark schwächte. Ein Sieg im folgenden Russo-Türkischen Krieg (1877–78) allerdings spielte die Macht über den Großteil des Schwarzen Meeres wieder zurück in russische Hände, was auch für die wirtschaftliche Entwicklung des Zarenreiches von essentieller Bedeutung war. Weiter im Osten verwandelte die große Industrialisierungswelle des neunzehnten Jahrhunderts Baku, die Hauptstadt Aserbaidschans mit seinen unendlichen Ölreserven, von einem nützlichen in ein eminent wichtiges Territorium. Hier wurden die ersten Off-Shore-Bohrlöcher der Welt gedrillt, und Mitte der 1870er Jahre hatte das schwarze Gold Baku in eine boomende Metropole verwandelt. Zur Jahrhundertwende galt die Stadt als Zentrum der internationalen Ölindustrie.

Das warme Klima und die Schönheit der Natur machten aus Jalta bald eine beliebtes Urlaubsziel für wohlhabende Russen. Hier baute Anton Tschechow seine „weiße Datscha" und schrieb einige seiner berühmten Theaterstücke. Die Handelsstadt Odessa aber war, wenn auch aus anderen Gründen, noch attraktiver für jene, die Geld auszugeben hatten. Odessa, 1794 im Delta vierer wichtiger Flüsse gegründet, hatte seit dem frühen neunzehnten Jahrhundert einen freien Hafen, den wichtigsten Meeresverkehrshafen des Landes, und war eine der größten Städte des Reiches. Grundlage dieser lebendigen, pulsierenden Stadt war der Weizenhandel: 1910 machte Weizen 35 Prozent des Gesamtwelthandels aus, wovon 90 Prozent über Odessa liefen.

Der englische Reiseschriftsteller Edmund Spencer schrieb 1851 über die Stadt: „Odessa kann, was seine Bewohner betrifft, nicht als russische Stadt bezeichnet werden. Diese sind nämlich hauptsächlich Deutsche, Italiener, Griechen, Juden, Armenier und ein paar Franzosen und Engländer. Kaufleute aus allen Teilen der Welt schlendern in ihren bunten Trachten durch die Stadt, was diese heiter und vielfältig macht …" Odessa lag zwar im Ansiedlungsrayon, war aber in erster Linie eine Handelsstadt, und so lebten hier Juden und Nichtjuden eher gemischt als getrennt voneinander, die soziale Integration war sehr hoch und die jüdischen Familien waren in Odessa weniger traditionell religiös und westlicher als anderswo im Zarenreich.

Unten:
Jalta an der Südküste der Halbinsel Krim im Schwarzen Meer, Ukraine. Um 1895. Fotografie

Gegenüber:
Landkarte Russland. Aus: B. Kozenns Geographischer Atlas. Tafel No. 24. 39. Auflage. Ed. Hölzel Verlag: Wien 1905

Allerdings reichte dies nicht aus, um grausame Pogrome hier und in kleineren Städten des Südwestens wie etwa Chişinău/Kischinau zu verhindern, die „barbarischsten, schändlichsten aller Pogrome", wie Sergei Witte schrieb. Diese Ausschreitungen, die von orthodoxen Priestern angetrieben und von den Behörden stillschweigend unterstützt wurden, sollten auch von der Kritik an der zunehmend unbeliebten Regierung ablenken.

Nach dem Zerfall des Reiches schlossen sich Georgien, Armenien und Aserbaidschan zur Transkaukasischen Föderation zusammen. Diese sollte jedoch nur wenige Monate bestehen. Anfang der 1920er Jahre vereinigte sich Bessarabien mit Rumänien, die nordöstlichen Teile der Türkei gingen zurück an die Türkei beziehungsweise Georgien, während die restlichen südwestlichen Gebiete nun der neuen Sowjetunion angehörten.

А.С.ПУШКИНУ
ГРАЖДАНЕ
ОДЕССЫ

Gegenüber:
Odessa, heute Ukraine. Das Puschkin-Denkmal (1889) vor dem Rathausgebäude. Alexander Puschkin (1799–1837) lebte zwischen 1820 und 1824 teilweise in Odessa. Um 1890. Fotografie

Oben:
Odessa. Die Richelieu-Treppe, seit 1955 nach der berühmten Szene aus dem Eisenstein-Film „Panzerkreuzer Potemkin" „Potemkinsche Treppe" genannt. Die Freitreppe mit 192 Stufen verbindet die Innenstadt mit dem Hafen. Um 1890–1900. Photochrom

Oben:
Odessa. Das 1887 eröffnete Opernhaus, ein Wahrzeichen der Hafenstadt am Schwarzen Meer. Um 1890–1900. Photochrom

Links:
Odessa. Der Badeort Petite-Fontaine bei Odessa. Um 1890–1900. Photochrom

Gegenüber:
Odessa. Hafenansicht des Port Pratique. Um 1890–1900. Photochrom

Das Wirtschaftswachstum unserer südlichen Provinzen schreitet rasch und erfolgreich fort. Wir dürfen erwarten, daß sie in ein reiches Industriegebiet verwandelt werden, auch dank ihrem Reichtum an Eisenerz und Kohle und der Nähe des Schwarzen Meeres. Das wird sicher zu mehr Handel durch das Schwarze Meer führen.

Nicolas de Basily, Memoirs

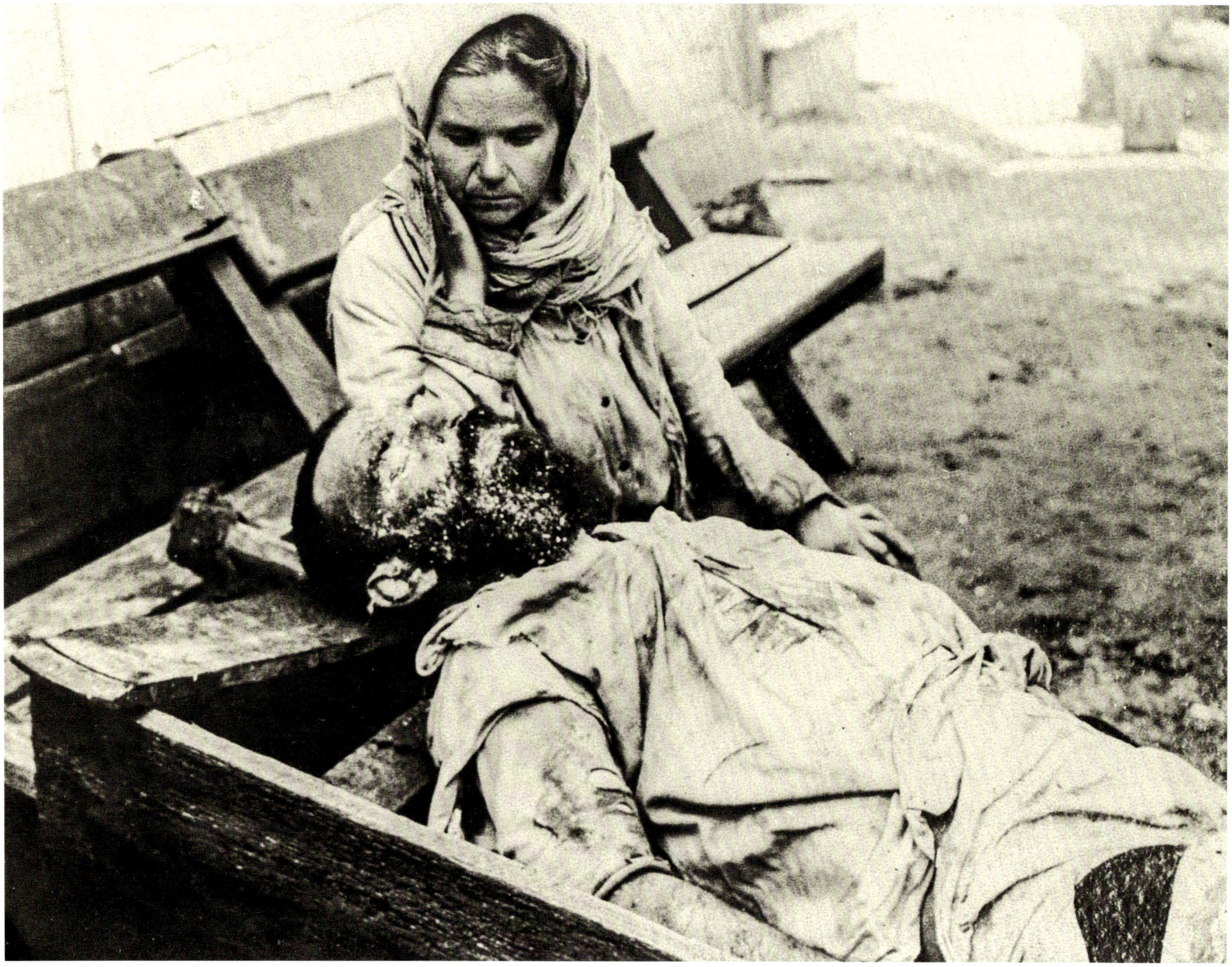

Da kamen zwei Juden gelaufen,
zwei Juden kamen daher.
„Ihr Juden, ihr Juden, verfluchte Juden,
ihr habt meinen Sohn ans Kreuz geschlagen.“
Altrussisches Kirchenlied

Einer unserer orthoxoden Priester versicherte mir, Christus selbst sei kein Jude, obwohl er der Sohn des jüdischen Gottes und seine Mutter eine Jüdin sei. Er gab diese Dinge zu, sagte aber trotzdem, „Das ist nicht möglich." Ich fragte ihn, „Wie also erklären Sie es?" Er hob die Schultern und sagte, „Dies ist ein großes Mysterium für mich."

Leo Tolstoi, in Gorkis *Reminiscences*

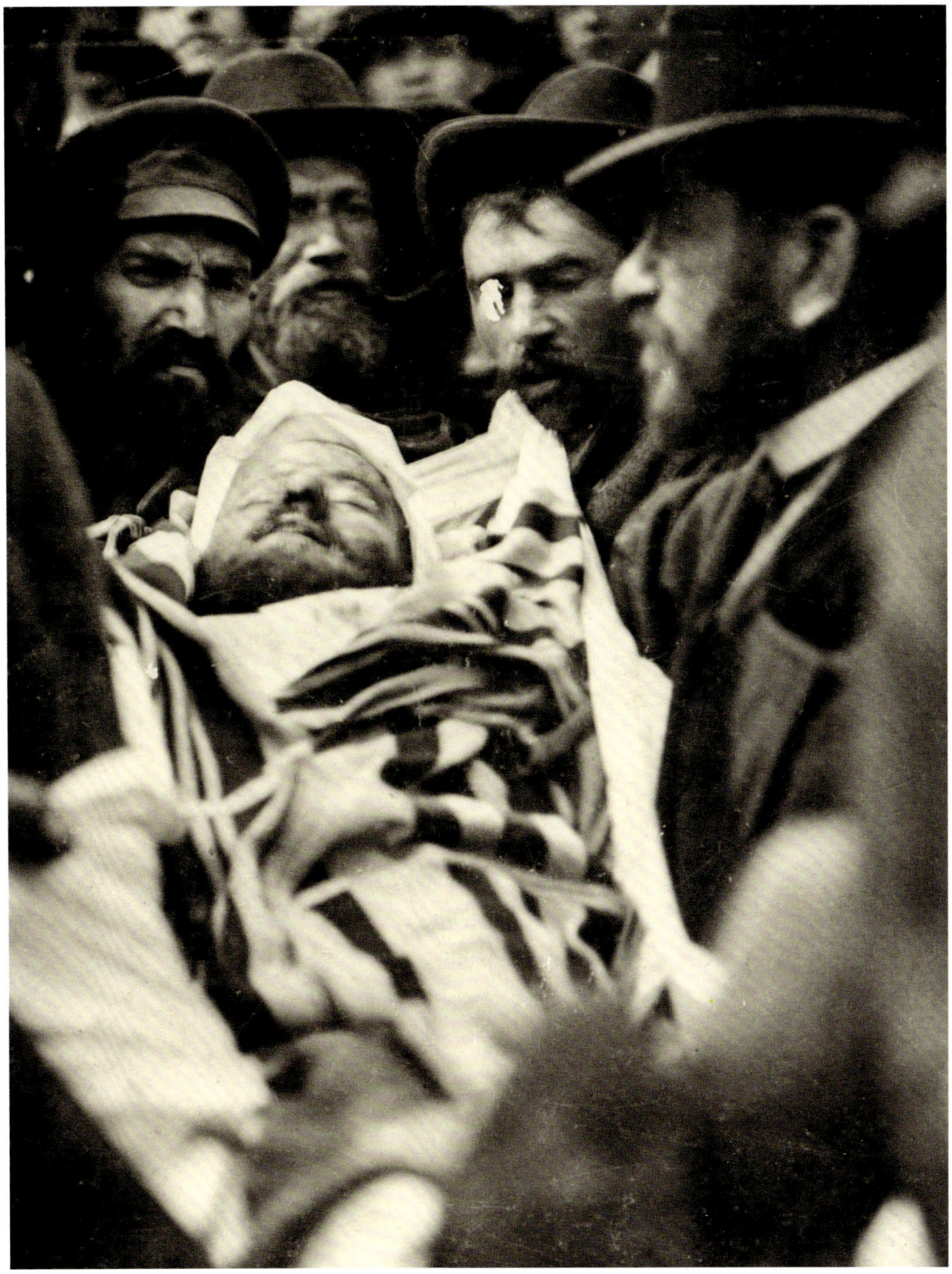

Gegenüber oben:
Kischinew, Bessarabien, heute Hauptstadt von Moldawien [Chişinău]. Eines der Opfer des antisemitischen Pogroms. Die Stadt war um 1900 eines der blühenden Zentren jüdischen Lebens im Russischen Reich. 1905. Fotografie

Gegenüber unten:
Kischinew. Die während des Pogroms geschändeten Thorarollen werden feierlich zu Grabe getragen. 1903. Fotografie

Rechts:
Kischinew. Aufbahrung eines Opfers des Pogroms. 19. April 1903. Fotografie

Nieder ins Todesthal
Ritten die Tausend ...
Rechts der Kanonen Schlund,
Links der Kanonen Schlund,
Vorn der Kanonen Schlund,
Donnernd und brausend ...

Alfred, Lord Tennyson, aus *Der Reiterangriff von Balaklava, 1854*

Gegenüber oben:
Krimkrieg. Der Nachschubhafen der Briten bei Balaklawa südöstlich von Sewastopol. 1855. Fotografie von Roger Fenton

Gegenüber unten:
Krimkrieg. „The Valley of the Shadow of Death". Die wohl berühmteste Aufnahme aus dem Krimkrieg (1853–1856) zeigt eine mit Kanonenkugeln übersäte Straße. 1855. Fotografie von Roger Fenton

Oben:
Krimkrieg. Eine englische Krankenschwester versorgt einen Verwundeten im Krimkrieg. 1855. Fotografie von Roger Fenton

In der Mittagshitze … lag ich bewegungslos, mit einer Kugel in meiner Brust. Meine tiefe Wunde blutete noch, und mein Blut sickerte aus, Tropfen nach Tropfen.

Michail Lermontow, aus *Der Traum*

Die Tschetschenen … lagen tot, von Säbeln zerhauen, da. Nur der eine alte Bekannte … war noch am Leben, wenn auch am ganzen Leibe mit Wunden bedeckt. Blutüberströmt … kauerte er auf der Erde … Dabei hielt er den Dolch umklammert, bereit, sich zu verteidigen. Der Fahnenträger trat an ihn heran …, zog dabei schnell die Pistole und schoß ihn ins Ohr.

Leo Tolstoi, Die Kosaken

Russische Frauen sind leidenschaftlich, zärtlich, sinnlich, aber nicht romantisch … Wir schätzen keine französischen Romane, mit ihrem psychologischen Wortschwall und ihren sentimentalen Theorien. Unsere Liebesbriefe sind die Einfachkeit selbst. Und überhaupt sind wir zu faul zum schreiben. Wir wissen niemals wirklich genau, was wir tun, oder sogar wie spät es ist … Wir irren durch das Leben wie Schatten unter dem Mond … Wir haben nächtliche Seelen.

Prinzessin D., 22. Januar 1916

Oben:
Sommeridylle. 1905–1915.
Drei-Farben-Fotografie von Sergei Prokudin-Gorski. Aus dem Album „Verschiedene Ansichten und Studien aus dem Russischen Reich"

Rechts:
Sommerferien auf der Krim der großbürgerlichen jüdischen Familie Tschernikoff aus Rostow am Don. Um 1910. Fotografie

Oben:
Jalta auf der Krim, heute Ukraine. Blick auf den Hafen. Um 1910. Fotografie

Rechts:
Jalta auf der Krim. Hotelanlagen an der Strandpromenade des Kur- und Urlaubsorts am Schwarzen Meer. 1911. Fotografische Postkarte

Oben:
Orenburg, Föderationskreis Wolga, unweit der Grenze zu Kasachstan. Fußgängerbrücke über den Ural. Die in Orenburg angesiedelten Kosaken sollten einen russischen Siedlungsgürtel zwischen den Tataren und Kasachen schaffen und den seit 1731 vorherrschenden Einfluss des Russischen Reiches auf die Kleine Horde, eine kasachische Stammesföderation, sichern. 1915. Fotografische Postkarte

Links:
Rostow am Don, Föderationskreis Südrussland. Gesamtansicht der Stadt, die auch als „Tor zum Kaukasus" bezeichnet wird. 1905. Fotografische Postkarte (Phototypie Scherer, Nabholz & Co., Moscou)

Rechts:
Kosaken mit ihren Pferden, zwei im Sattel stehend. Um 1900. Fotografie

Lukaschka ... war ein hochgewachsener, schmucker Bursche von etwa zwanzig Jahren ... Obgleich er erst vor kurzem „aktiv" geworden war, sah man seinem selbstbewußten Gesicht und seiner ruhigen, sichern Haltung an, daß er ein echter Kosak war, der seinen richtigen Wert sehr wohl kannte.

Leo Tolstoi, Die Kosaken

Links:
Soldaten beim Kasatschok, dem Tanz der Kosaken. Die slawischen Kosaken gründeten ab dem 16. Jahrhundert eigene Siedlungen und wurden zu Wehrbauern. In der Ukraine bildete sich im 17. Jahrhundert das quasistaatliche Kosaken-Hetmanat heraus, das gegen die polnische Herrschaft kämpfte und später als Autonomie ins Russische Zarenreich einging. Bis zum 18. Jahrhundert waren sowohl russische als auch ukrainische Kosaken vom Zarenreich teilweise unabhängig, dann wurden sie nach und nach als freie Kavallerieverbände in die russische Armee integriert. Hauptsiedlungsgebiete der Kosaken waren das Don-, das Dnjepr- und das Ural-Gebiet. Ural- und Orenburger Kosaken waren maßgeblich an der Eroberung und Kolonisierung Sibiriens beteiligt.

Links:
Vorbereitung der „Fischweiber" an der Wolga für den Markttag. Um 1900. Fotografische Postkarte (Phototypie Scherer, Nabholz & Co., Moscou)

Unten links:
„Schwarzes Gold" Kaviar: Ausnehmen der in der Wolga gefangenen russischen Störe. Um 1900. Fotografie

Unten rechts:
Fischen mit Netzen an der Unteren Wolga. Um 1900. Fotografie

Wolgatreidler (burlak) vor einem Lastkahn. Um 1900. Fotografie

Ihre Intelligenz ist, wenn auch unausgebildet, so doch nicht weniger bedeutend durch ihr Verständnis, ihre Geschmeidigkeit, ihre rege Tätigkeit … Ihr Geist ist immer beschäftigt. Die Muschiks sprechen nicht viel, aber sie denken … erstens einmal an ihre materiellen Angelegenheiten, an ihre Ernte, an ihr Vieh, an das Elend, das sie mit eisernem Griff umklammert, oder das sie bedroht, an den Preis von Kleidungsstücken und Tee, an die Last der Steuern und die ihnen aufgebürdete Fron, an die nächste Agrarreform … Aber es beschäftigen sie auch weit höhere Gedanken, besonders während dieser unendlichen Winter …

Prinzessin P., 18. Januar 1915

Gegenüber:
Russischer Bauer mit Familie auf einem einspännigen Pferdefuhrwerk. 1900. Fotografische Postkarte (Phototypie Scherer, Nabholz & Co., Moscou)

Rechts:
Russische Bauern sitzen vor ihrem Holzhaus an einem Tisch mit Samowar, einer spielt die Balalaika. Um 1875. Fotografie. Aus dem Album „Ansichten entlang des Mariinski-Kanals und seines Flusssystems“

Obwohl ich vom Schicksal
in der Morgenröte meiner Tage
Von euch weggerissen war, o südliche Berge,
Braucht man nur einmal dort gewesen zu sein,
um sich ewig an euch zu erinnern:
Wie ein süßes Lied meines Vaterlandes
Liebe ich den Kaukasus.

Michail Lermontow, aus *Der Kaukasus*

Gegenüber:
Die Bagatski-Schlucht im Kaukasus. Um 1890–1900. Photochrom

Oben:
Artvin, heute Türkei. Stadt und gleichnamige Provinz an der Grenze zu Georgien wechselten im Lauf des 19. Jahrhunderts öfters zwischen Osmanischem und Russischem Reich. Drei-Farben-Fotografie von Sergei Prokudin-Gorski. Aus dem Album „Ansichten aus dem Kaukasus und dem Gebiet des Schwarzen Meers“

Das Baden im Kurbad … stärkt den Körper und steigert die Lebhaftigkeit, aber wie ich feststellen sollte, belastet zuviel Lebhaftigkeit das Herz und Menschen wurden dagegen gewarnt, zulange im Wasser zu bleiben … [Der Prinz] konnte lange im Wasser bleiben und trank dabei noch eine Flasche Champagner, alles ohne schlechte Konsequenzen.

Sergei Witte, Erinnerungen

Links:
Borzhom, heute Georgien [Bordschomi]. Thermalkurort und Sommerfrische im kleinen Kaukasus. Zwei heiße Quellen, in den 1840er Jahren nach den Vornamen von General Jewgeni Golowin und seiner Tochter Jekaterina benannt, und die herrliche Landschaft haben dem Ort den Beinamen „Perle des Kaukasus" gegeben. Pavillon mit Kurgästen an der Ewgeni-Quelle. 1905–1915. Drei-Farben-Fotografie von Sergei Prokudin-Gorski

Rechts oben:
Borzhom. Abfüllanlage des berühmten Mineralwassers. 1905–1915. Drei-Farben-Fotografie von Sergei Prokudin-Gorski

Rechts unten:
Borzhom. Pavillon an der Jekaterina-Quelle. 1905–1915. Drei-Farben-Fotografie von Sergei Prokudin-Gorski. Alle drei Abbildungen aus dem Album „Ansichten aus dem Kaukasus und dem Gebiet des Schwarzen Meers"

Oben:
Baku, heute Hauptstadt von Aserbaidschan. Die Ölfelder mit ihren Bohrtürmen. Um 1900 waren die Ölfelder an der Küste des Kaspischen Meers die größten der Welt. Sie erbrachten damals die Hälfte der Welterdölproduktion. Um 1890. Fotografie von Dmitri Jermakow

Links:
Baku. Palast des Khans von Baku. Um 1890. Fotografie von der Kaukasus-Expedition von Jenö Graf Zichy

Gegenüber:
Dagestan, Föderationskreis Nordkaukasus. Landschaft mit Wasserfall bei der Festung Hunsag. Um 1890. Fotografie von der Kaukasus-Expedition von Jenö Graf Zichy

Die Menschen vom Kaukasus sind geradeheraus, und tun, was Gott ihnen eingibt, und sie mögen keine Hinterlist.

Sergei Witte, Erinnerungen

Oben:
Karatschai-Tscherkessien, Föderationskreis Nordkaukasus. Tscherkessen aus dem Karatschai-Gebiet. Um 1890. Fotografie von der Kaukasus-Expedition von Jenö Graf Zichy

Gegenüber:
Karatschai-Tscherkessien. Tscherkessische Frau aus der Kuban-Region. Um 1890. Fotografie von der Kaukasus-Expedition von Jenö Graf Zichy

Oben:
Tschakwa bei Batum an der Ostküste des Schwarzen Meers, heute Adscharien in Georgien. Frauen der griechischen Minderheit als Helferinnen bei der Teeernte. 1905–1915. Drei-Farben-Fotografie von Sergei Prokudin-Gorski

Unten links:
Tschakwa. Der chinesische Teespezialist Lao Zhang Zhou mit frisch angesetzten Teepflanzen in einer Teeplantage. 1905–1915. Drei-Farben-Fotografie von Sergei Prokudin-Gorski. Beide Abbildungen aus dem Album „Ansichten aus dem Kaukasus und dem Gebiet des Schwarzen Meers"

Nur wenige wollten im Kaukasus zivile Posten annehmen, sogar hohe Posten, denn es war eine isolierte Region, von Aufständen zerrissen, in der die Bergpässe immer noch von feindlichen Stämmen kontrolliert wurden, eine Region, die von häufigen Konflikten mit den Türken gezeichnet war. Soldaten allerdings, und andere, die kämpfen wollten, wurden vom Kaukasus angezogen …

Sergei Witte, Erinnerungen

Oben:
Volkstypen aus Dagestan, Nordkaukasus. Mann in Kosakenuniform und seine Frau in traditioneller Tracht. 1905–1915. Drei-Farben-Fotografie von Sergei Prokudin-Gorski. Aus dem Album „Ansichten aus dem Kaukasus und dem Gebiet des Schwarzen Meers"

Gegenüber unten rechts:
Kachetien im Nordosten Georgiens. Weinernte an den Südhängen des Großen Kaukasus. Um 1890. Fotografie von Dimitrij Ermakow

Da ist ein zerlumpter nogaischer Arbeiter mit einer Ladung Schilf aus der Steppe gekommen; er wendet seine knarrende Arba … längs der Pfütze, die fast die ganze Straße einnimmt …

Leo Tolstoi, Die Kosaken

Oben:
Armenien. Vierspänniges Fuhrwerk zum Holztransport. Um 1910. Fotografie

Links:
Gruppenbild von Armeniern. Um 1900. Fotografie

Die Trauer, unsagbarer Wall
Schlug auf zwei übergroße Augen …
Ossip Mandelstam, aus *Der Stein*

Oben:
Armenischer Mönch. 1859. Fotografie von der Expedition von Graf Nostitz-Rieneck

Rechts:
Armenische Frau mit ihren Kindern auf der Flucht nach den Massakern in der Türkei von 1894–1896. 1899. Fotografie

Oben:
Tiflis, heute Hauptstadt von Georgien [Tbilissi]. Ansicht der Stadt vom Weg zur Festung Nariqala. Um 1890–1900. Photochrom

Rechts:
Tiflis. Die Tochter des Fürsten Lasarew in tatarischer Tracht. Um 1890. Fotografie von Dmitri Jermakow

Gegenüber:
Tiflis. Teppichladen in Majdan, einem Vorort der Stadt. Um 1890–1900. Fotografie von Dmitri Jermakow

Es war einer jener eigentümlichen Abende, wie sie nur im Kaukasus vorkommen. Die Sonne war ... verschwunden, aber es war noch hell. Die Abendröte bedeckte ein Drittel des Himmels ... Die Luft war dünn, regungslos und voller Töne.

Leo Tolstoi, Die Kosaken

Gegenüber:
Frau aus Georgien in traditioneller Tracht. 1905–1915. Drei-Farben-Fotografie von Sergei Prokudin-Gorski

Oben:
Gagra, Abchasien in Georgien. Sonnenuntergang am Schwarzen Meer. 1905–1915. Drei-Farben-Fotografie von Sergei Prokudin-Gorski. Beide Abbildungen aus dem Album „Ansichten aus dem Kaukasus und dem Gebiet des Schwarzen Meers“

Russisches Zentralasien

Obwohl sich das Russische Reich schon seit Peter dem Großen für die zentralasiatischen Territorien interessiert hatte, wurden sie erst im späten neunzehnten Jahrhundert Teil des Reiches. Wie auch die Bewohner der südwestlichen Territorien wurden die ursprünglichen, nichtslawischen Bewohner Zentralasiens offiziell als *inorodzy* („Mensch anderer Herkunft") registriert – unter ihnen die Bevölkerungen des heutigen Turkmenistan und der riesigen kasachischen Gebiete östlich des Kaspischen Meeres, Kirgistan, Usbekistan und das benachbarte Tadschikistan, das damals als russisches Turkestan bekannt war. Abgesehen von den Tadschiken, die eine dem Persischen verwandte Sprache hatten, sprachen die meisten Völker Zentralasiens Turksprachen und ihre Dialekte. Die wichtigste Religion war der sunnitische Islam, mit ismaelitischen Schiiten in den Bergregionen des Pamir.

Während des neunzehnten Jahrhunderts und darüber hinaus war Zentralasien der Fokus der strategischen Rivalität zwischen russischen und britischen Machtinteressen, ein Konflikt, der in Russland „der Schattenwettbewerb" und in Großbritannien „The Great Game" genannt wurde. Die Instabilität des im Niedergang begriffenen osmanischen Reiches ermutigte die beiden Großmächte in ihrem Konflikt um die Kontrolle über die riesige Region. Russland versprach sich davon hauptsächlich den Zugang zu eisfreien Häfen, während Großbritannien um jeden Preis verhindern wollte, dass das Zarenreich Zugang zu Indien bekam, dem „Juwel der Krone" des britischen Kolonialreiches. Die Rivalität zwischen den beiden Mächten führte 1853–56 zum Krimkrieg und drohte 1884 wieder zu eskalieren. Premierminister Benjamin Disraeli schrieb an Queen Victoria, dass es seine Absicht sei, „Zentralasien von Moskowiten zu reinigen und sie ins Kaspische Meer zu treiben". 1878 kreierte er für die Königin den Titel „Empress of India" und erhob sie so auf denselben internationalen Rang wie die Zaren.

Obwohl die Briten weite Gebiete Afghanistans gewannen und so einen Pufferstaat zwischen Indien und dem Zarenreich schufen und Persien zwischen den beiden Großmächten geteilt wurde, waren die Russen doch die eigentlichen Sieger des „Great Game". Sie gewannen die riesigen Territorien der Emire von Buchara und 1868 auch die legendäre Stadt Samarkand, wo im vierzehnten Jahrhundert Tamerlan, der letzte der nomadischen Kaiser, seine Residenz gehabt hatte und das seit der Antike ein wichtiger Ort auf der Seidenstraße nach China gewesen war. Wie ihre westlich gelegene Schwester Buchara ist Samarkand (im heutigen Usbekistan) eine der ältesten Städte der Welt und wurde schon von Marco Polo als eine „große und glänzende" Stadt beschrieben. Einige Jahre später wurde das Khanat Khiwa auch an das Russische Reich angegliedert. Im Gegensatz zu Samarkand blieben Buchara und Khiwa Protektorate mit einer gewissen internationalen Unabhängigkeit.

1888, nach elfjähriger Bauzeit, wurde Samarkand zur Endstation der transkaspischen Eisenbahn. Die Russen hatten die Verbindung ursprünglich als Versorgungsroute für die russische Armee geplant, die immer wieder in Konflikte mit lokalen Gebietsherrschern verwickelt wurde, aber schon bald wurde die Verbindung zu einer wichtigen Handelsroute für die wirtschaftliche Entwicklung der Region. Innerhalb von fünf Jahren nach der Konstruktion vervierfachten sich die Baumwollexporte aus der Region, während der Import von Industriegütern und Baumaterialien zu einer wichtigen Triebfeder für die russische Besiedlung und Weiterentwicklung wurde.

Ab 1906 formte die transkaspische Eisenbahn eine direkte Verbindung von Orenburg im europäischen Russland bis nach Taschkent (heute in Usbekistan) und brachte einen stetigen Zustrom ethnischer Russen in die zentralasiatische Region. Der Wettbewerb um Land und spärliche Wasserressourcen führte immer wieder zu Spannungen zwischen Siedlern und Ureinwohnern. 1916 verursachte die Einberufung der vormals dienstbefreiten örtlichen Bevölkerung in die russische Armee ein Auflehnen gegen die russische Besatzungsmacht. Dieser Aufstand der Basmatschi setzte sich über den Fall des Zarenreiches 1917 hinaus fort und wurde zu einem niemals aussetzenden

Unten:
Samarkand. Usbekische Männer und Jungen. 1905–1915. Drei-Farben-Fotografie von Sergei Prokudin-Gorski. Aus dem Album „Ansichten aus Zentralasien"

Gegenüber:
Landkarte Asien. Aus: B. Kozenns Geographischer Atlas. Tafel No. 34. 39. Auflage. Ed. Hölzel Verlag: Wien 1905

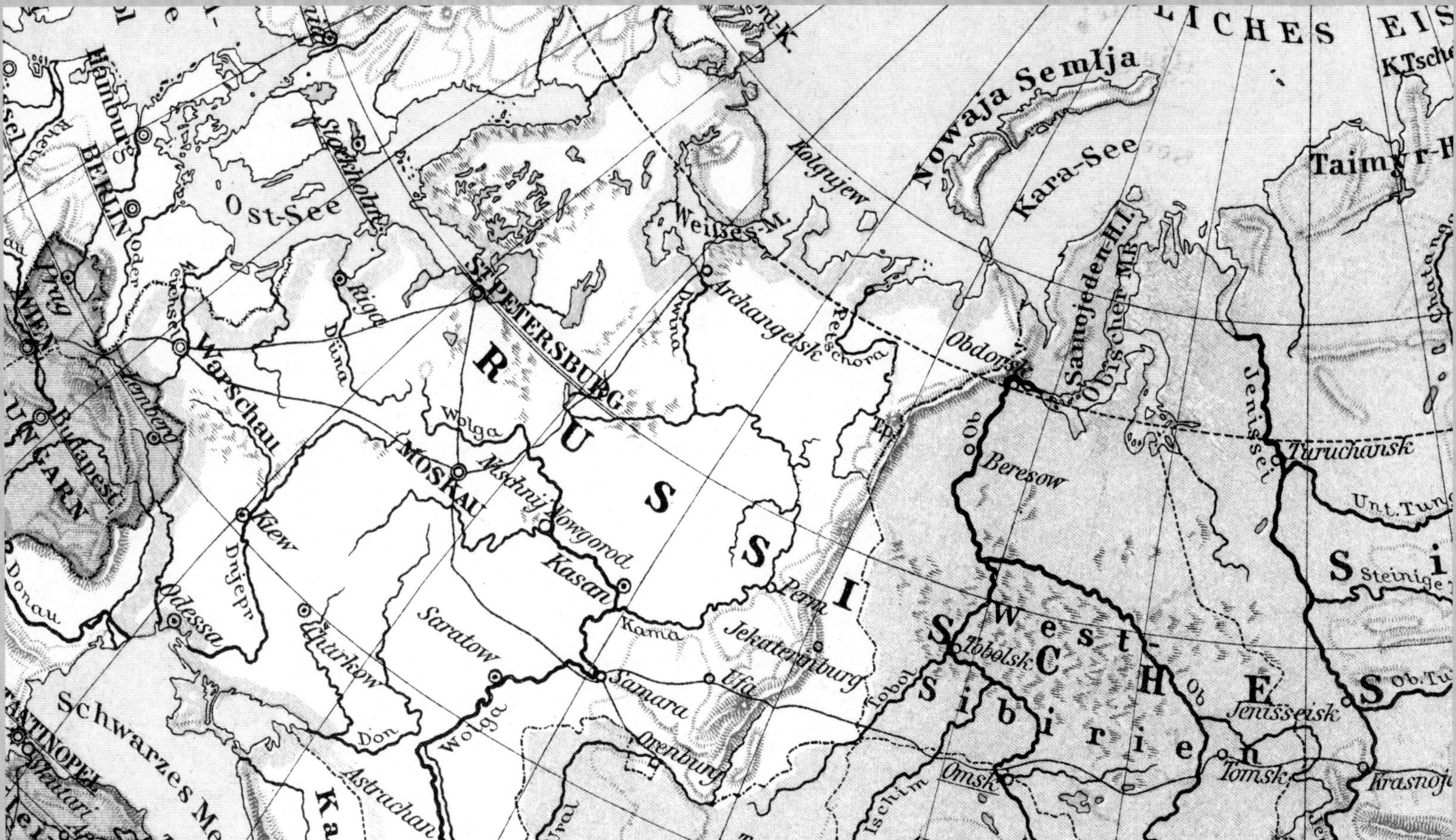

Widerstand gegen die Sowjetmacht. Während des Bürgerkrieges verlagerten sich die Kriegshandlungen auch nach innen. Einheimische Einheiten, die meist aus jüngeren Männern bestanden, kämpften auf der Seite der Roten Armee gegen die traditionellen zentralasiatischen Herrscher, die ihrerseits von den Weißen Truppen und britischen Kräften unterstützt wurden.

Die kurzlebig autonome Alasch Orda in der kasachischen Steppe und die autonomen Kokand-Gebiete im heutigen Usbekistan wurden in den zwanziger Jahren des zwanzigsten Jahrhunderts ins russische Zentralasien absorbiert, was zu einer nachhaltigen Russifizierung und einer intensiven wirtschaftlichen Ausbeutung der Region führte.

Oben:
Echia, Baschkortostan, Föderationskreis Wolga. Baschkirischer Mann vor seinem Holzhaus. Baschkiren sind ein Turkvolk im südlichen Uralgebirge. 1910. Drei-Farben-Fotografie von Sergei Prokudin-Gorski

Links:
Echia, Baschkortostan. Baschkirin in ihrer Volkstracht. 1910. Drei-Farben-Fotografie von Sergei Prokudin-Gorski. Beide Abbildungen aus dem Album „Ansichten aus dem Uralgebirge mit Erkundung des Industriegebiets"

Gegenüber:
Frau in Schmuck und festlicher Kleidung, vermutlich Turkmenin oder Kirgisin, vor einer kasachischen Jurte, dem traditionellen Zelt der Nomaden in Zentralasien. 1905–1915. Drei-Farben-Fotografie von Sergei Prokudin-Gorski. Aus dem Album „Ansichten aus Zentralasien"

Ich war beeindruckt von den riesigen, ungenutzten Ressourcen Zentralasiens, das ich 1890 zum ersten Mal sah. Obwohl die Baumwollproduktion inzwischen [1912] gewachsen ist, sind seine Ressourcen noch immer fast völlig ungenutzt.

Sergei Witte, Erinnerungen

Gegenüber und oben:
Der Berg Tschapan-Ata mit der Moschee aus dem 16. Jahrhundert, in der Nähe von Samarkand, heute Usbekistan. 1905–1915. Drei-Farben-Fotografie von Sergei Prokudin-Gorski

Rechts:
Golodnaja-Steppe, heute Usbekistan [Mizacho'l]. Ein kirgisischer Nomade mit seiner Familie. 1905–1915. Drei-Farben-Fotografie von Sergei Prokudin-Gorski. Beide Abbildungen aus dem Album „Ansichten aus Zentralasien"

Gegenüber:
Buchara, heute Usbekistan [Buxoro]. Alim Khan, der letzte Emir von Buchara (1880–1944). Das Emirat war, wiewohl der Emir über die inneren Angelegenheiten seines autonomen Stadtstaats absolut herrschte, ab Mitte des 19. Jahrhunderts faktisch ein Vasallenstaat des Russischen Reiches. 1911. Drei-Farben-Fotografie von Sergei Prokudin-Gorski

Rechts:
Buchara. Ein höherer Beamter in seiner farbenprächtigen Gewandung. 1911. Drei-Farben-Fotografie von Sergei Prokudin-Gorski. Beide Abbildungen aus dem Album „Ansichten aus Zentralasien"

Ich mußte den Brief ... zum bucharischen Konsul bringen. Ich ging zu seinem Haus. Ein gut angezogener Buchare mit einem großen weißen Turban saß unter dem Torbogen und sah auf die Straße ... Ich ging mit meinem Brief auf ihn zu, worauf mich [sein] Sekretär brüsk zurückzog und mir befahl, im Hintergrund zu stehen, meinen Hut abzunehmen und zu warten, während er meinen Brief vorlegte ... Der Emir sprach Französisch, weil er am Zarenhof im Corps de Page gewesen war.

F. M. Bailey, Mission to Tashkent

Es gibt nur einen Weg, fremde Nationalitäten zu russifizieren – soviele Kinder zu haben wie möglich.

Kosnyschew, in Tolstois *Anna Karenina*

Oben:
Kirgisische Stammesälteste aus Usbekistan. Um 1900. Fotografie

Gegenüber:
Russische Siedler in der Mugan Steppe zwischen Talyshgebirge und Kaspischem Meer, heute Aserbaidschan. Die Ansiedlung von ethnischen Russen in den Grenzgebieten des Russischen Reiches wie dem Südkaukasus wurde im 19. Jahrhundert durch die offizielle Regierungspolitik gefördert. 1905–1915. Drei-Farben-Fotografie von Sergei Prokudin-Gorski. Aus dem Album „Ansichten aus dem Kaukasus und dem Gebiet des Schwarzen Meers"

Links:
Samarkand, heute Usbekistan [Samarqand]. Versammlung auf dem Registan. Der Registan-Platz ist mit dem Ensemble der drei Medressen (Koranschulen) – Ulugbek-Medresse (1417–1420), Scher-Dor-Medresse (1619–1636) und Tilya-Kori-Medresse (1646–1660) – das Herz des antiken Samarkand. 1911. Drei-Farben-Fotografie von Sergei Prokudin-Gorski

Rechts oben:
Samarkand. Blick von der Tilya-Kori-Medresse auf das Minarett und die Kuppel der Sher-Dor-Medresse. 1911. Drei-Farben-Fotografie von Sergei Prokudin-Gorski

Rechts unten:
Samarkand. Wandmosaike in einem der Schahi-Sinda-Mausoleen. 1911. Drei-Farben-Fotografie von Sergei Prokudin-Gorski. Alle drei Abbildungen aus dem Album „Ansichten aus Zentralasien“

Wir erreichten Samarkand vor Tagesanbruch … Der berühmte Registan, der von großartigen Moscheen und Schulen umgeben war, wirkte vernachlässigt … Diese einzigartigen Monumente [waren] errichtet worden, als Tamerlan im vierzehnten Jahrhundert Samarkand zu seiner Hauptstadt gemacht hatte.

F. M. Bailey, Mission to Tashkent

Links:
Samarkand. Verschleierte Muslimin in ihrem traditionellen Ganzkörperkleid. 1911. Drei-Farben-Fotografie von Sergei Prokudin-Gorski

Unten:
Samarkand. Usbeke im Hof der Tilya-Kori-Medresse. 1911. Drei-Farben-Fotografie von Sergei Prokudin-Gorski

Sie konnte nicht lesen, aber die [Namens]liste wurde ihr vorgelesen. Sie reagierte mit der erstaunlichen Aussage, daß sie ihren eigenen Nachnamen nicht kenne.

F. M. Bailey, Mission to Tashkent

Gegenüber:
Samarkand. Gruppe von jüdischen Kindern mit ihrem Lehrer. Die an der Seidenstraße liegende Oasenstadt entwickelte sich seit der Antike zu einer multiethnischen Gemeinschaft von Tadschiken, Persern, Usbeken, Russen, Arabern und Juden. 1911. Drei-Farben-Fotografie von Sergei Prokudin-Gorski. Alle drei Abbildungen aus dem Album „Ansichten aus Zentralasien"

Doppelseite:
Auf den Märkten von Samarkand. 1911. Drei-Farben-Fotografien von Sergei Prokudin-Gorski. Aus dem Album „Ansichten aus Zentralasien"

Melonenverkäufer in seinem Marktstand (gegenüber); Händler mit seinen farbenprächtigen Stoffen und Teppichen aus Seide und Wolle (oben links); Kebab-Gaststätten (oben rechts und unten rechts); Teestube (unten links)

In Samarkand kaufte ich die größten Trauben, die ich jemals gesehen hatte, so groß wie Walnüsse. Ich kaufte auch zwei runde Körbe mit enormen Rosinen, die später während unserer Wüstenreise ein großer Luxus waren.

F. M. Bailey, Mission to Tashkent

Der Ferne Osten

Der Ferne Osten Russlands erstreckte sich von den Ufern des Baikalsees in Sibirien durch die Mandschurei bis zum Pazifischen Ozean und darüber hinaus. Er beinhaltete auch die Insel Sachalin und reichte sogar über das Beringmeer hinüber nach Alaska.

Alaska war lange vor den anderen östlichen Territorien zum Zarenreich gekommen und vor den anderen wieder abgetreten worden. Es stellte den bei weitem größten Teil des „russischen Amerika" dar, zu dem auch Ansiedlungen in Kalifornien und auf Hawaii gehörten. Russische Forschungsreisende waren im siebzehnten Jahrhundert die ersten Europäer gewesen, die nach Alaska kamen, und 1742 wurde das Gebiet zu einer Kolonie des Zarenreiches. Es wurden Handelsposten für den Fellhandel eingerichtet, aber Mitte des neunzehnten Jahrhunderts führte der Widerstand der Eingeborenen sowie ein stark dezimierter Tierbestand durch Überjagung zu einem Nachlassen von Russlands Interesse an der Region. 1867 wurde Alaska, gemeinsam mit den anderen amerikanischen Kolonien, zum Preis von fünf Cents pro Hektar an die Vereinigten Staaten verkauft.

Die stark bewaldete Insel Sachalin vor der mandschurischen Küste nördlich von Japan ist Russlands größte Insel. Die rivalisierenden Ansprüche Japans auf das Gebiet führten im neunzehnten Jahrhundert zu einer Reihe von Verträgen, die das Leben beider Nationalitäten auf der Insel regelten. 1857 wurde dort eine russische *katorga* (Strafkolonie) errichtet. 1890 verbrachte der Schriftsteller Anton Tschechow drei Monate auf Sachalin, um für eine Volkszählung die Daten der Sträflinge, die teilweise mit ihren Kindern auf die Insel gebracht worden waren, sowie der freien Bevölkerung zu erheben. Tschechow beschrieb die Kolonie als „höllisch" und schrieb, dass er dort Zeuge der „äußersten Grenzen der menschlichen Erniedrigung" geworden war.

Anfang des zwanzigsten Jahrhunderts wurden die wenigen tausend Eingeborenen (Ainu, Oroken und die halbnomadischen Niwchen) zahlenmäßig von den russischen Bewohnern übertroffen, von denen die meisten, etwa 22.000, Verurteilte und etwa 10.000 Ansiedler waren. Manche der Siedler arbeiteten in der Gefängnisverwaltung, andere bauten Kohlenminen oder gründeten Schulen und Kirchen für ihre Gemeinden.

Die Russen hatten bereits 1689 einen ersten Grenzvertrag mit der Mandschu-Qing-Dynastie abgeschlossen, und im Laufe des neunzehnten Jahrhunderts erhielten sie noch zusätzliches Land von einem durch die Opiumkriege gegen die Briten geschwächten China. Durch den Vertrag von Aigun im Jahr 1858 erhielt Russland die gesamte „äußere" Mandschurei nördlich des Amur, dem Grenzfluss zwischen den beiden Reichen, und 1860 kam nicht nur Sachalin, sondern auch Wladiwostok an der Bucht Goldenes Horn am östlichsten Punkt des russischen Festlands in russischen Besitz. Die Chinesen hatten in der Region Wladiwostok Gold abgebaut, für Russland sollte sich dieses Gebiet jedoch vor allem als freier Hafen, Marinestützpunkt und Schiffsbauzentrum von großer Wichtigkeit erweisen. Die Verlängerung der Transsibirischen Eisenbahn nach Wladiwostok, der Endstation, war für die wirtschaftliche Entwicklung der Stadt ein wichtiger Impuls. Dennoch sollten sich seine begrenzten Möglichkeiten für das Zarenreich als fatal erweisen.

Wladiwostok war – leider – kein eisfreier Hafen, denn dann hätten die Russen nicht den Ganzjahreshafen von Lüshun (Port Arthur) von den Chinesen pachten müssen, und der Russisch-Japanische Krieg hätte, wie Sergei Witte anmerkte, vielleicht nie stattgefunden. Die Rivalität um den Einfluss über Ostasien führte 1904 zu einem Überraschungsangriff der Japaner auf Port Arthur, und der darauf folgende neunzehnmonatige Krieg endete in einer beschämenden Niederlage Russlands sowie der fast vollständigen Auslöschung der russischen Flotte bei der Schlacht von Tsushima, die von Historikern als „größtes Ereignis zur See seit der Schlacht von Trafalgar" bezeichnet wurde. Die Russen hatten sich beim Transport von Truppen, Munition und Versorgung großteils auf ihre neue Transsibirische Eisenbahn verlassen, aber 1904 wurde diese noch eingleisig geführt, sodass der Transport jeweils nur in eine Richtung geführt werden konnte.

Unten:
Wladiwostok. Kapelle. Um 1890. Fotografie

Gegenüber:
Landkarte von Russland mit den Gebietserweiterungen des Russischen Reiches im Lauf der Geschichte. Aus: Meyers Konversations-Lexikon, Band XVII. Sechste Auflage. Bibliographisches Institut: Leipzig und Wien 1906

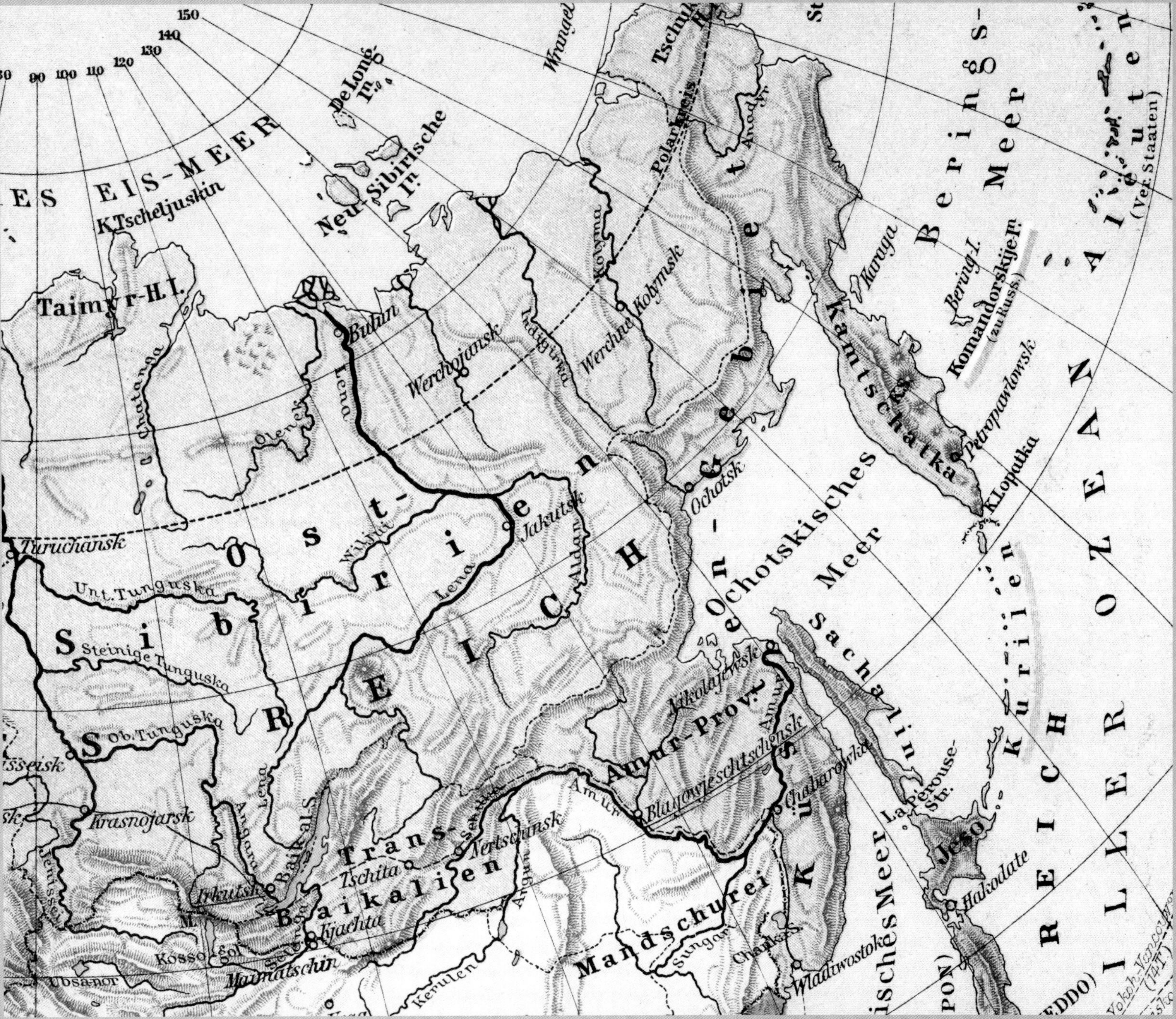

Die dadurch verursachten Verzögerungen trugen wesentlich zur Niederlage Russlands bei, eine Niederlage, die wiederum einen wesentlichen Anstoß zur Revolution von 1905 darstellte.

Wladiwostok sollte auch für die Weißen und alliierten Streitkräfte nach der Revolution von 1917 von großer strategischer Bedeutung sein: Die Einnahme der Stadt durch die Rote Armee im Oktober 1922 brachte das Ende des Russischen Bürgerkrieges und den endgültigen Sieg der Bolschewiken.

Links oben:
Wladiwostok, Föderationskreis Ferner Osten. Postgebäude. Um 1910. Fotografische Postkarte

Links Mitte:
Wladiwostok. Verpackungsabteilung des Handelshauses Kunst & Albers. Um 1893. Fotografie

Links unten:
Wladiwostok. Der Bahnhof als Endpunkt der Transsibirischen Eisenbahn. Um 1910. Fotografische Postkarte

Oben:
Wladiwostok. Gesamtansicht mit dem Hafen. Die Stadt ist Russlands wichtigster Hafen am Pazifik. Um 1910. Fotografische Postkarte

Ich war in Wladiwostok … Überhaupt über unsere Ostküste mit ihren Flotten, Problemen und pazifischen Träumereien sage ich nur das Eine: himmelschreiende Armut! Armut, Unwissenheit und Erbärmlichkeit, die einen zur Verzweiflung bringen können. Ein ehrlicher Mensch auf 99 Diebe, die den Namen Rußlands in Verruf bringen …

Anton Tschechow, Briefe vom 27. Juni und 9. Dezember 1890

Die Sträflinge gingen – allerdings in Ketten – frei ... umher, beschimpften sich gegenseitig, sangen Lieder, arbeiteten für sich, rauchten Pfeifen, sie tranken sogar Branntwein (wenn auch verhältnismäßig nur wenige) und in der Nacht spielten sie Karten.

Fjodor Dostojewski, Aufzeichnungen aus einem Totenhaus

Gegenüber:
Sachalin, Föderationskreis Ferner Osten. „Im Duiskaja Gefängnis werden die Gefangenen vor der Arbeit angekettet". Ab dem 19. Jahrhundert war die Insel eine Strafkolonie für russische Gefangene. 1890. Fotografie von I. I. Pawlowskij aus der Privatsammlung von Anton Tschechow

Unten:
George Kennan (1845–1924), der amerikanische Forschungsreisende, in der typischen mit Ketten versehenen Kleidung eines nach Sibirien verbannten Russen. Um 1885/86. Fotografie

Rechts:
Russen in der Verbannung in Sibirien vor einer Baracke. Um 1910. Fotografie von Keystone

Ich war auf Sachalin … 3 Monate plus 2 Tage. Meine Arbeit war anstrengend; ich habe eine vollständige und detaillierte Zählung der gesamten Bevölkerung von Sachalin durchgeführt und alles gesehen, außer eine Hinrichtung … Solange ich auf Sachalin lebte, empfand ich im Innern nur eine gewisse Bitterkeit, wie von ranziger Butter, jetzt dagegen, in der Erinnerung, erscheint mir Sachalin als die wahre Hölle.

Anton Tschechow, Brief vom 9. Dezember 1890

Gegenüber:
Burjaten, eine mongolische Volksgruppe, bilden die größte nationale Minderheit in Sibirien. Um 1900. Fotografie

Rechts:
Giljaken (Niwchen), ein indigenes Volk in Sibirien und dem Fernen Osten, bewohnen vor allem den Norden der Insel Sachalin. 1905. Fotografische Postkarte (Phototypie Scherer, Nabholz & Co., Moscou)

Unten:
Sibirischer Postschlitten an einem kalten Wintermorgen. Um 1885/86. Fotografie von George Kennans Reisegefährten George A. Frost

Rechts:
Russisch-Japanischer Krieg 1904/05. Die russischen Schiffe Pallada (links) und Pobeda (rechts), zerstört unterhalb von Fort Golden Hill in Port Arthur (Stadtbezirk Lüshunkou der heute chinesischen Hafenstadt Dalian am Gelben Meer). Der Russisch-Japanische Krieg zwischen dem Russischen und dem Japanischen Kaiserreich begann im Februar 1904 mit dem japanischen Angriff auf den Hafen von Port Arthur und endete nach einer Reihe verlustreicher Schlachten im Herbst 1905 mit der Niederlage der russischen Seite. 1904. Stereofotografie von Underwood & Underwood

Schmerzliche und widersprüchliche Neuigkeiten über die unglückliche Begegnung in Zuschima sind wieder eingetroffen. Ich habe drei Berichte bekommen. Alix und ich sind spazierengegangen. Das Wetter war großartig und warm. Wir tranken Tee und dinierten auf dem Balkon.

Zar Nikolaus II., Journal intime, 17. Mai 1905

Es war bitter, eine große militärische Macht zu repräsentieren, die dumm gehandelt hatte und schwer geschlagen worden war. Aber es war das kindische Regime, unter dem wir seit Jahren gelebt hatten, nicht Rußland, nicht die russische Armee, das geschlagen worden war … Natürlich, sie haßten mich dafür, daß ich solche Wahrheiten aussprach, die der Zar selten gehört hatte und an die er sich nie gewöhnen konnte.

Sergei Witte, Erinnerungen

Links:
Russisch-Japanischer Krieg 1904/05. Russische Soldaten trauern im belagerten Port Arthur über tote Kameraden. 1905. Stereofotografie von Underwood & Underwood

Durch die landesweite Konsternation und Wut gegen die Regierung, die durch die Zerstörung der russischen Flotte durch die Japaner bei Zuschima verursacht wurde, vereinigten sich alle, die gegen das Regime waren, von den Extremisten bis hin zu den Moderaten.

Nicolas de Basily, Memoirs

Oben:
Leichen russischer Soldaten vor ihrer Beerdigung in Port Arthur. 1905. Stereofotografie von Underwood & Underwood

Sibirien

Die riesige Fläche Sibiriens erstreckt sich über weite Teile der Eurasischen Steppe mit ihren historischen Überlandrouten und fast das ganze nördliche Asien: vom Uralgebirge im Westen bis zum Pazifik im Osten, der Arktis im Norden hinunter nach Kasachstan, China und in die Mongolei im Süden. Teile Sibiriens gehörten seit dem ersten Sieg Iwan des Schrecklichen über die Tataren im Jahr 1582 zu Russland. In den darauffolgenden Jahrzehnten untergrub das Vorstoßen von Soldaten, Forschern und Fellhändlern gen Osten die Macht der örtlichen Khane und spaltete die Loyalität ihrer Vasallenstämme. 1639 hatten die Russen Sibirien bis zum Pazifik hin durchquert, und 1640 wurde das gesamte Territorium offiziell Teil des Russischen Reiches.

Die kulturelle Vielfalt der eingeborenen Völker Sibiriens überlebte bis in die Sowjetzeit. Dazu gehörten auch die Sprachen, um die hundertzwanzig an der Zahl: uralische Sprachen, altaische wie Turkisch, Mongolisch und Tungusisch, jenisseische aus Mittelsibirien und die scheinbar ältesten von allen, die paläosibirischen Sprachen der östlichen Gebiete. Viele Eingeborenenvölker lebten nomadisch, weideten Rentiere und jagten, während andere als Kleinbauern lebten oder Nüsse sammelten und damit handelten. Einige altaische Völker bauten Eisenerz ab und fertigten kunstvolle Metallarbeiten.

Mit dem Ende des Reiches jedoch waren die Ureinwohner in den meisten Teilen Sibiriens den ethnischen Russen zahlenmäßig unterlegen. Im späteren neunzehnten Jahrhundert gründeten religiöse Abtrünnige, die sich der Autorität der orthodoxen Kirche nicht mehr beugen wollten, Agrargemeinschaften und bauten Weizen, Hafer und Kartoffeln an. Kartoffeln waren im restlichen Reich nicht sehr beliebt, so Alexander Herzen: „Die russischen Bauern waren keineswegs interessiert daran, Kartoffeln anzupflanzen, geradezu als ob ihnen ein Instinkt sagte, dass es sich dabei um wertlose Nahrung handle, die ihnen weder Gesundheit noch Kraft bringen würde." Der Fellhandel ging weiter, obwohl seine Bedeutung durch Überjagung nachließ. Dampfschiffe und Lastkähne begannen die drei großen sibirischen Flüsse Ob, Jenissei und Lena, zu durchpflügen – zumindest bei warmem Wetter. In den frostigen Wintermonaten nämlich zogen Pferdeschlitten Güter und Passagiere über die gefrorenen Flüsse und, auf den paar wenigen Straßen, über Land. Gegen Ende des neunzehnten Jahrhunderts schritt in Sibirien (wie auch im restlichen Zarenreich) die Industrialisierung voran, insbesondere beim Abbau von Kohle, Blei und Silber. Auch Goldgräber kamen, sie schürften allerdings eher im Alleingang. 1891 schließlich begann der Bau der gewaltigen Transsibirischen Eisenbahn. Bei ihrer Fertigstellung im Jahr 1916 fuhr sie von Moskau durch das südliche Sibirien bis nach Wladiwostok im Fernen Osten.

Unten:
Gletscherspalte im Altai-Gebirge, einem Gebirgsmassiv in Südsibirien. Um 1910. Fotografische Postkarte

Gegenüber:
Landkarte von Russland mit den Gebietserweiterungen des Russischen Reiches im Lauf der Geschichte. Aus: Meyers Konversations-Lexikon, Band XVII. Sechste Auflage. Bibliographisches Institut: Leipzig und Wien 1906

Der Abgeschiedenheit Sibiriens und dem rauen Klima trotzten nur die entschlossensten Siedler. Nach 1861 durften die befreiten Leibeigenen dort freies Land in Besitz nehmen, aber die Bedingungen waren äußerst primitiv und nur wenige wollten dies tun. In einem berühmten Brief an seine Schwester im pulsierenden Moskau schrieb Anton Tschechow 1890 aus Tomsk: „Tomsk ist eine sehr langweilige Stadt. Und von den Säufern, deren Bekanntschaft ich gemacht habe, und den Intellektuellen, die ins Hotel kamen um mir die Ehre zu erweisen, zu schließen sind seine Bewohner ebenfalls sehr langweilig."

Aber eben diese Abgeschiedenheit, so dachten die Behörden, machte Sibirien auch zu einem idealen Ort für Verbannte und Sträflinge. Teile des Gebietes waren bereits 1590 als Strafkolonien verwendet worden, aber im neunzehnten Jahrhundert stieg dieses Vorgehen dramatisch. Politische Dissidenten, darunter auch Fjodor Dostojewski, wurden zu Hunderten und Tausenden deportiert. Auch Leibherren und später Dorfälteste schickten ihre unerwünschten Alten und Behinderten oft in die Verbannung, sodass Sibirien nicht nur zum Gefängnis, sondern auch zum Armenhaus wurde.

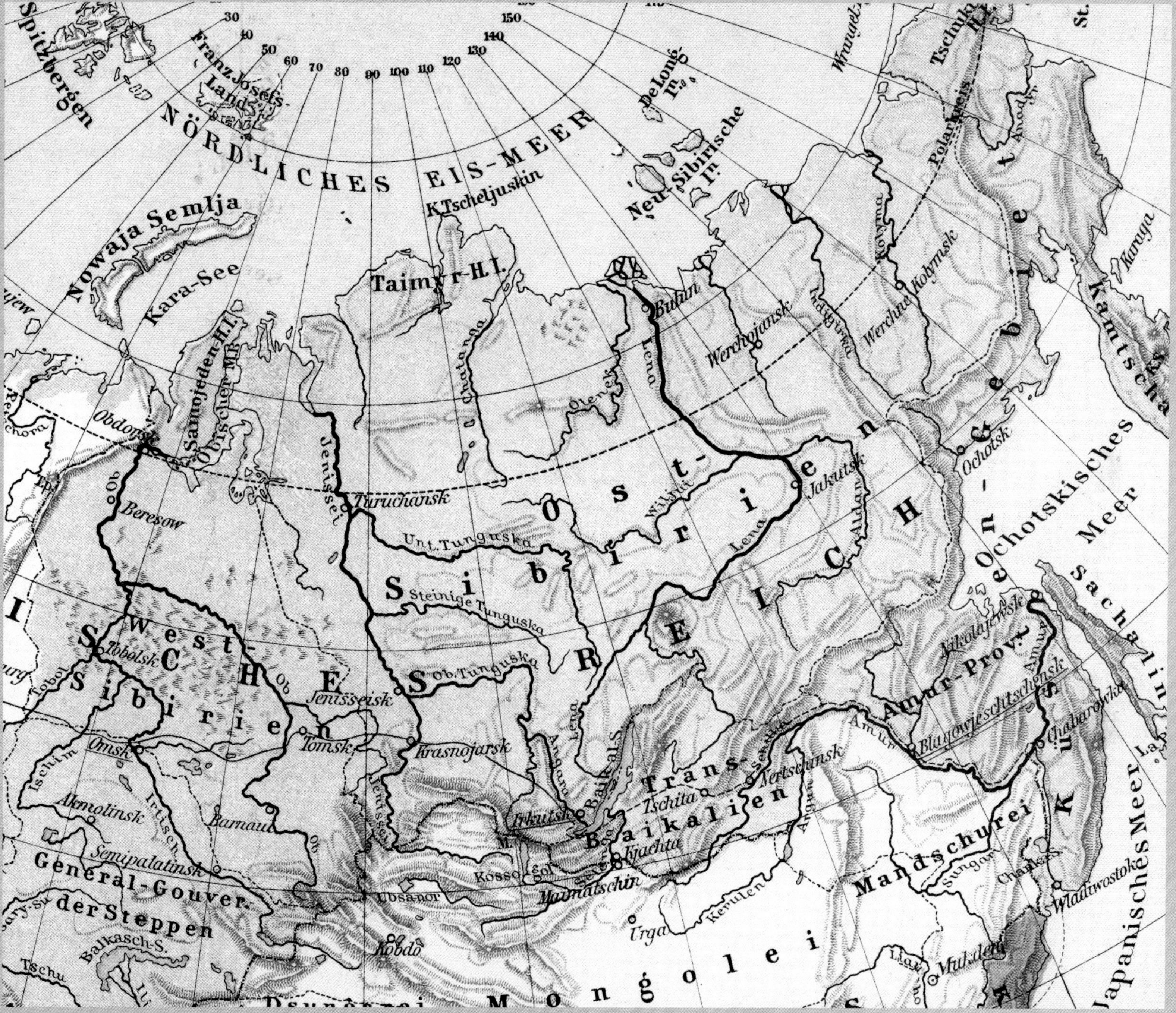

Die berühmtesten sibirischen Strafgefangenen waren zweifellos der letzte Zar, Nikolaus II., und seine Familie. Solange die Übergangsregierung bestand, wurden die Romanows unter komfortablen Bedingungen im Haus des Gouverneurs in der alten sibirischen Hauptstadt Tobolsk festgehalten. Nach dem Sturz Kerenskis im Oktober 1917 jedoch wurden sie nach Jekaterinburg im Ural überstellt. Nach der Revolution erklärte sich Sibirien zur autonomen Republik, die durch die Weiße Armee, die in Omsk einen Regierungssitz einrichtete, allerdings schnell wieder gestürzt wurde. Anfang des Jahres 1920 fiel Sibirien an die Bolschewiken.

Die Arbeit selbst erschien mir durchaus nicht so schwer, durchaus nicht so „sibirisch“, und erst nach ziemlich langer Zeit erriet ich, daß das „Sibirische“ dieser Arbeit nicht so sehr in ihrer Schwere und ununterbrochenen Dauer bestand, als vielmehr darin, daß sie „Zwangsarbeit“, befohlene Arbeit, eisernes Muß unter dem drohenden Stock war.

Fjodor Dostojewski, Aufzeichnungen aus einem Totenhaus

Ich entsinne mich lediglich, daß alle diese Jahre, die im wesentlichen einander so ähnlich waren, daß man sie kaum unterscheiden konnte, träge und langweilig vorüberzogen. Ich weiß nur noch, daß diese langen, langweiligen Tage so einförmig waren und so langsam vergingen, wie nach einem Regen das Wasser vom Dach in langsamen Tropfen herabtropft. Ich weiß noch, daß nur der leidenschaftliche Wunsch nach Auferstehung, nach Erneuerung, nach neuem Leben mich im Warten stärkte und mich noch hoffen ließ.

Fjodor Dostojewski, Aufzeichnungen aus einem Totenhaus

Gegenüber:
Sibirien. Arbeiter in einer der Goldminen an der Lena. Um 1910. Fotografie

Rechts oben:
Tomsk, Westsibirien. Gesamtansicht der Stadt. Um 1885/86. Fotografie

Rechts Mitte:
Anlegestelle am Fluss Meschewaja Utka, Westsibirien. 1912. Drei-Farben-Fotografie von Sergei Prokudin-Gorski. Aus dem Album „Ansichten vom Ural, von Westsibirien und den Wasserwegen"

Rechts unten:
Mariinsk, Mittelsibirien. Hauptstraße der Stadt. Um 1890. Fotografie von Anton Tschechow

Gegenüber:
Ein Weichensteller der Transsibirischen Eisenbahn. 1910. Drei-Farben-Fotografie von Sergei Prokudin-Gorski. Aus dem Album „Ansichten aus dem Uralgebirge mit Erkundung des Industriegebiets“

Links:
Transsibirische Eisenbahn (Mittelsibirische Strecke). Bau der Stahlgitterbrücke über den Jenissei südwestlich von Krasnojarsk, Sibirien. 1893–1896. Fotografie

Die Transsibirische Eisenbahn (1891–1906). Der erste Spatenstich erfolgte durch den späteren Zaren Nikolaus II. im Mai 1891 in der Nähe von Wladiwostok, gleichzeitig wurde aber auch von Tscheljabinsk am Ural aus mit dem Bau begonnen. Aufgrund der riesigen Entfernungen (Gesamtlänge mehr als 9000 km) wurde die Bahnstrecke in verschiedene Bauabschnitte aufgeteilt, die teilweise zeitgleich begonnen wurden. Die einzelnen Eisenbahnverwaltungen (Westsibirische-, Mittelsibirische-, Baikal-, Transbaikalische-, Amur- und Ussuri-Bahn) erhielten ihre Namen nach diesen Bauabschnitten. Schon 1894 war Omsk vom Ural aus erreicht, 1895 der Ob und am 16. August 1898 erreichte der erste Zug Irkutsk. Trotz dieser Baufortschritte war aber im Jahr 1900 erst die Hälfte der Strecke verlegt. Die Fertigstellung erfolgte im Oktober 1916 mit der Einweihung der Amurbrücke bei Chabarowsk.

Oben:
Transsibirische Eisenbahn (Westsibirische Strecke). Brücke am Zusammenfluss von Irtysch und Om bei Omsk. Um 1900. Fotografische Postkarte (Phototypie Scherer, Nabholz & Co., Moscou)

Links:
Transsibirische Eisenbahn (Westsibirische Strecke). Bahnhof der Transsib in Ob bei Nowosibirsk. 1906. Fotografische Postkarte

Oben:
Westsibirien. Gottesdienst in einem als fahrbare Kirche ausgestatteten Eisenbahnwaggon auf einem Abstellgleis. Um 1890. Fotografie von Anton Tschechow

Rechts:
Transsibirische Eisenbahn. Die sogenannte sibirische Brücke über den Baikal-See. Bis zur Eröffnung der Circumbaikalbahn im Herbst 1904 erfolgte der Transport von Waggons, Ladung und Reisenden vom Westufer des Baikal-Sees an das Ostufer bei Myssowsk im Sommer mit zwei Fährschiffen, im Winter mittels Pferdeschlitten über den zugefrorenen See. Um 1905. Fotografische Postkarte

Oben:
Sibirien. Das Rentier – ein alternatives Fortbewegungsmittel in der Tundra. Um 1900. Fotografie

Rechts:
Dreispänniger Rentierschlitten in der Tundra. Um 1900. Photochrom

Oben:
Ein tuwinischer Schamane bei der Arbeit. Die Tuwiner (auch Sojoten) sind die größte nichtrussische Bevölkerungsgruppe im Altai-Sajan-Gebiet in Südsibirien. Um 1900. Fotografie

Rechts:
Eine Gruppe von Tungusen. „Mandschu-tungusische Völker" ist eine zusammenfassende Bezeichnung für nichtrussische Ethnien, die in Teilen Sibiriens, Chinas und der Mongolei leben. Um 1900. Fotografie

Gegenüber:
Russische Siedler in Sibirien. Um 1900. Fotografie

Im allgemeinen ist der sibirische Stamm ein gesunder, hochgewachsener, kluger und sehr positiver Menschenschlag. Die Kinder der dort Angesiedelten, die Sibirier, haben die gutsherrliche Macht überhaupt nicht kennengelernt. Einen Adelsstand gibt es in Sibirien nicht …; der Beamte und der Offizier, die Vertreter der Staatsmacht, ähneln eher einer … feindlichen Garnison als einer Aristokratie. Die ungeheuren Entfernungen schützen die Bauern vor einer häufigen Berührung mit ihnen …

Alexander Herzen, Mein Leben

Grauer Morgen, später lieblicher Sonnenschein. Baby [der Zarewitsch] hatte eine leichte Erkältung. Alle gingen morgens eine halbe Stunde hinaus. Olga und ich richteten unsere Medizin her. T[atiana] las uns aus der Heiligen Schrift vor … Stickte. Jeden Tag kommt der Kommandant in unser Zimmer. Acht Uhr. Abendessen. Plötzlich wurde [der junge Diener] Lewka Sedniew geholt, er dürfe seinen Onkel sehen und flog weg – möchte wissen, ob es wahr ist, und ob wir den Jungen wiedersehen werden!! Spielte Bézigue mit N[ikolaus]. Halb elf zu Bett. 15 Grad Wärme.

Zarina Alexandra, letzter Eintrag im Tagebuch, 3./16. Juli 1918. Einige Stunden später wurde sie, mit Zar Nikolaus II., ihren fünf Kindern und ihren Dienern, erschossen.

Links: Tobolsk, Ural. Der seit März 1917 abgedankte Zar Nikolaus II. beim Holzsägen mit seinem Sohn Alexei. Die Zarenfamilie war von August 1917 an acht Monate im Sitz des Gouverneurs von Tobolsk interniert, von wo sie im Frühjahr 1918 nach Jekaterinburg verbracht und schließlich am 17. Juli 1918 von den Wachsoldaten erschossen wurde. Winter 1917/18. Fotografie

Rechts:
Zarskoje Selo bei St. Petersburg. Zar Nikolaus II. und sein Sohn Alexei beim Schneeschaufeln im Park des Schlosses, in dem die Zarenfamilie nach der Abdankung des Zaren zwischen März und August 1917 unter Hausarrest gestellt war. Frühjahr 1917. Fotografie

Unten links:
Zarskoje Selo. Zar Nikolaus II. (in der Bildmitte mit Schaufel in der Hand), Großherzogin Tatjana mit einer Freundin bei Gartenarbeiten im Park. Frühjahr 1917. Fotografie

Unten rechts:
Tobolsk, Ural. Die Zarenfamilie mit Entourage vor dem Haupteingang zum Sitz des Gouverneurs während ihrer Internierung zwischen August 1917 und April 1918. 1917. Fotografie von Underwood & Underwood

Der Ural

Das Uralgebirge bildet die nördliche Grenze zwischen den beiden Kontinenten Europa (im Westen) und Asien (im Osten). Die Gebirgskette erstreckt sich über 2500 Kilometer vom Nördlichen Eismeer nach Kasachstan im Süden.

Der Ural war für das Russische Reich seit dem siebzehnten Jahrhundert von Interesse, als man begann, den riesigen Mineralienreichtum der Region zu erschließen. Im frühen achtzehnten Jahrhundert wurde hier auf Befehl Peters des Großen eine umfassende geografische Untersuchung gemacht, und die Russen begannen wertvolle Erze abzubauen. Das westliche Uralgebiet verfügt über Öl, Gas und Kalisalze, im Osten gibt es Nickeloxid, Chromit und Magnetit, Bauxit, Gold und Platin. Bescheidene Kohlevorkommen gibt es in der gesamten Region, und darüber hinaus ist der Boden im Uralgebiet reich an Edel- und Halbedelsteinen, darunter Smaragde, Amethysten und Diamanten.

Im Verlauf des neunzehnten Jahrhunderts wurde die Erschließung des Ural für die dort ansässigen Völker zunehmend zu einer Bedrohung. Obwohl die nördliche Taiga mit ihren dichten Nadelwäldern schon bald eine beträchtliche Holzindustrie versorgte, konnten die Uralisch und Samojedisch sprechenden Völker ihre traditionelle Lebensart (Fischen, Jagen, Rentiere weiden) großteils aufrechterhalten. Doch die Turksprachen sprechenden Nomaden in der südlichen Steppe waren durch die intensive industrielle Entwicklung gezwungen, ihr traditionelles Pferdezüchten zugunsten von landwirtschaftlicher Tätigkeit, insbesondere Weizenanbau, aufzugeben. Ethnische Russen, die in den Süden zogen, um dort die neuen landwirtschaftlichen Flächen zu bewirtschaften oder in den Minen und Fabriken zu arbeiten, waren gegenüber den Einheimischen bald in der Überzahl. Der US-amerikanische Diplomat George Kennan beobachtete, dass hier, wie auch im restlichen Reich üblich, die Minen- und Fabrikbesitzer selbst „auf dem Gelände ihrer Betriebe zu leben pflegten".

Zu den vielen Flüssen der Region gehören die Kama, ein wichtiger Nebenfluss der Wolga, und natürlich der Große Ural, der drittlängste Strom Europas. Bis ins späte neunzehnte Jahrhundert dienten die Flüsse als Hauptverkehrsadern für die örtlichen Betriebe, da es nur wenige, einfache Straßen gab, die bei Schlechtwetter unpassierbar waren. Kähne und andere Schiffe wurden von *burlaki* die Flüsse hinaufgeschleppt – Bootsmännern, deren russische Bezeichnung vom tatarischen Wort für „Heimatloser" abgeleitet wurde. Viele davon waren tatsächlich obdachlos und zogen auf der Suche nach Saisonarbeit durch die Lande. Die Winter waren für sie besonders hart: Die meisten Flüsse froren zu und es gab nur wenig Arbeit.

Das Aufkommen der Eisenbahn machte das Überleben für die Treidler noch schwieriger. Die erste Schienenverbindung über das Uralgebirge wurde in den siebziger Jahren des neunzehnten Jahrhunderts gebaut, fünfzehn Jahre vor der Transsibirischen Route. Sie verband Perm, die Verwaltungshauptstadt, mit der metallurgischen Hochburg Jekaterinburg an der Isset. Jekaterinburg wurde eine wichtige Drehscheibe im Schienenverkehr der Transsibirischen Eisenbahn. Sowohl Perm als auch Jekaterinburg wurden im frühen achtzehnten Jahrhundert von Gesandten Peters des Großen gegründet, um die Bodenschätze der Region abzubauen. 1860 war Perm eine geschäftige Industriestadt mit über 20.000 Einwohnern, die von Papiermühlen, Hüttenbau und Dampfschiffbau lebten. 1871 wurde hier die erste Phosphatfabrik des Reiches eröffnet. Die strategische Bedeutung der Wirtschaftsregion Ural war weithin anerkannt, und 1916 eröffnete, unterstützt vom Pionier der Funktechnik Alexander Popow und dem legendären russischen Chemiker Dmitri Mendelejew (dem Vater des Periodensystems der Elemente) die Sankt Petersburger Universität eine Zweigstelle in Perm.

Nachdem die Übergangsregierung gescheitert war und die Bolschewiken im Oktober 1917 die Macht ergriffen hatten, wurde die frühere Zarenfamilie von ihrem Hausarrest im sibirischen Tobolsk nach Jekaterinburg gebracht. In der Nacht vom 16. auf den 17. Juli 1918 wurden Zar und Zarin, ihre Töchter Olga, Tatjana, Maria und Anastasia, Zarewitsch Alexei sowie die Bediensteten der Familie hingerichtet.

Unten:
Bergwerksarbeiter beim Auswaschen von Goldsand. Um 1910. Fotografie

Gegenüber:
Landkarte Russland. Aus: B. Kozenns Geographischer Atlas. Tafel No. 24. 39. Auflage. Ed. Hölzel Verlag: Wien 1905

Mit dem Ausbruch des Bürgerkriegs im Oktober 1917 wurden die Industriestädte im Ural zu den Hauptzielen sowohl der Weißen als auch der bolschewistischen Kräfte. 1918 eroberten die Weißen die Munitionsfabriken in Perm, im darauffolgenden Jahr jedoch nahm die Rote Armee die Stadt wieder ein. Nach dem Sieg der Bolschewiken im Bürgerkrieg wurde Jekaterinburg, das nun Swerdlowsk hieß, zum Verwaltungszentrum der Region Ural.

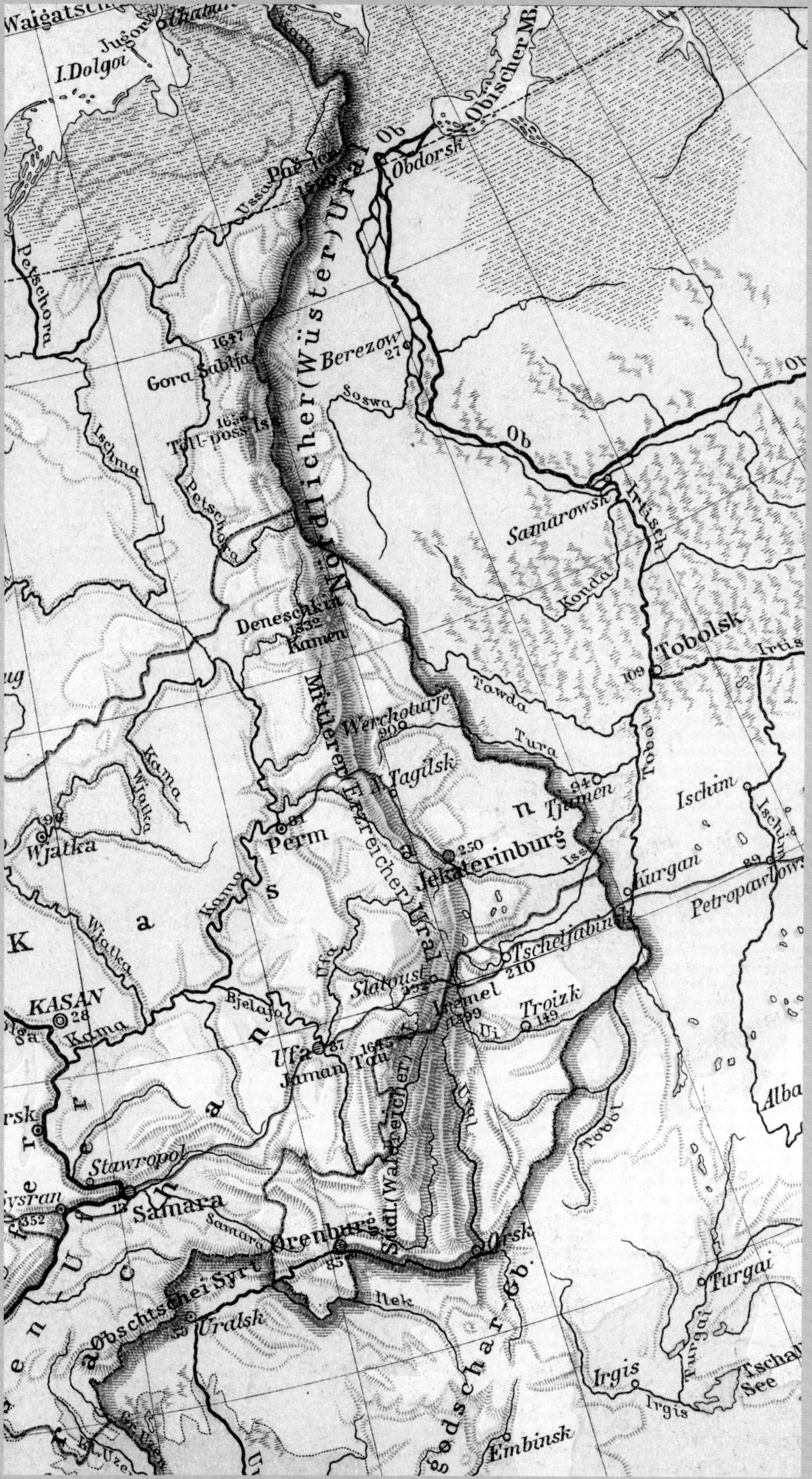

Links:
Perm, Föderationskreis Wolga. Ansicht der an den westlichen Ausläufern des Ural liegenden Stadt, von der Eisenbahnbrücke über den Kama-Fluss aus gesehen. 1910. Drei-Farben-Fotografie von Sergei Prokudin-Gorski

Oben:
Perm. Das alt-sibirische Stadttor. 1910. Drei-Farben-Fotografie von Sergei Prokudin-Gorski

Unten:
Perm. Metallträgerbrücke auf Steinpfeilern über den Kama-Fluss, von Lew Proskurjakow für die Transsibirische Eisenbahn entworfen. 1910. Drei-Farben-Fotografie von Sergei Prokudin-Gorski. Alle drei Abbildungen aus dem Album „Ansichten aus dem Uralgebirge mit Erkundung des Industriegebiets"

Arbeiter? Eine Arbeiterklasse? Ich kenne eine solche Klasse in Rußland nicht … Es gibt Bauern, die 90 Prozent der Bevölkerung ausmachen. Und unter ihnen ist eine relativ kleine Minderheit, die in den Mühlen und Fabriken arbeiten, die aber Bauern bleiben. [Die Sozialisten] versuchen, künstlich irgendeine neue Klasse, irgendeine neue Art der sozialen Beziehungen zu erfinden, die Rußland völlig fremd sind.

Konstantin Pobedonoszew, Ratgeber der letzten drei Zaren

Gegenüber:
Industrieregion Ural. Arbeiter eines Holztransports zu einer Schmelzanlage für Eisenerz. 1910. Drei-Farben-Fotografie von Sergei Prokudin-Gorski. Aus dem Album „Ansichten aus dem Uralgebirge mit Erkundung des Industriegebiets“

Oben:
Industrieregion Ural. Fabrik der Eisenindustrie. Um 1910. Fotografische Postkarte

Rechts:
Industrieregion Ural. Probebohrungen. Um 1910. Fotografische Postkarte

Gegenüber:
Nischni Tagil, Ural. Hochofen für die Kupferschmelze im von den Brüdern Demidow 1720–1725 eröffneten Hüttenwerk. Die Stadt im mittleren Ural bei Jekaterinburg ist berühmt für ihre eisenverarbeitende Industrie. 1910. Fotografie von Sergei Prokudin-Gorski

Oben:
Satka bei Tscheljabinsk, Südural. Hochöfen im Troizko-Satkinski Sawod. 1910. Drei-Farben-Fotografie von Sergei Prokudin-Gorski. Beide Abbildungen aus dem Album „Ansichten aus dem Uralgebirge mit Erkundung des Industriegebiets"

Eine Provinzposse, mehr ist es nicht. Samoware und Seufzer. Das übliche russische Gemisch aus Suff und Seele. Ekelhaft.

Astrow, in Tschechows *Onkel Wanja*

Gegenüber:
A. P. Kalganow mit Sohn und Enkeltochter. Die Familie arbeitet seit drei Generationen für die Mitte des 18. Jahrhunderts gegründeten Slatouster Eisenwerke. 1910. Drei-Farben-Fotografie von Sergei Prokudin-Gorski

Rechts:
Slatoust. Ansicht der 1754 für den Aufbau einer Eisenmanufaktur gegründeten Stadt im mittleren Ural. 1910. Drei-Farben-Fotografie von Sergei Prokudin-Gorski

Unten:
Slatoust. Tischlerei der Slatouster Schwertklingenfabrik. 1910. Drei-Farben-Fotografie von Sergei Prokudin-Gorski. Alle drei Abbildungen aus dem Album „Ansichten aus dem Uralgebirge mit Erkundung des Industriegebiets“

Ich habe das ganze Haus geputzt
Das Waschwasser für die Suppe benutzt.
Der Besen voll Fliegen, Staub, und Dreck
Ich Gute machte daraus Gebäck.

Ein Gefängnislied, in Dostojewskis *Aufzeichnungen aus einem Totenhaus*

Gegenüber:
Idylle am Sim-Fluss im südlichen Ural. 1910. Drei-Farben-Fotografie von Sergei Prokudin-Gorski

Oben:
Frauen auf einem Floß im – am Osthang des Ural bei Jekaterinburg entspringenden – Tagil-Fluss behandeln Flachs für die Leinenverarbeitung. 1910. Fotografie von Sergei Prokudin-Gorski. Beide Abbildungen aus dem Album „Ansichten aus dem Uralgebirge mit Erkundung des Industriegebiets"

Rechts:
Zwei russische Bäuerinnen in Volkstracht. Um 1900. Fotografische Postkarte (Phototypie Scherer, Nabholz & Co., Moscou)

Links:
Datscha an einem Fluss im Ural. Idyllische Lage eines typisch russischen Landhauses, in dem man Wochenenden und Sommerurlaube verbrachte. 1910. Drei-Farben-Fotografie von Sergei Prokudin-Gorski

Oben:
Fischer am Isset-Fluss am östlichen Abhang des Ural. 1910. Drei-Farben-Fotografie von Sergei Prokudin-Gorski

Unten:
Schäferjunge am Sim-Fluss im südlichen Ural. 1910. Drei-Farben-Fotografie von Sergei Prokudin-Gorski. Alle drei Abbildungen aus dem Album „Ansichten aus dem Uralgebirge mit Erkundung des Industriegebiets“

Links:
An einem Viehgatter im Ural. 1910. Drei-Farben-Fotografie von Sergei Prokudin-Gorski

Gegenüber:
Artemij, ein früher „Aussteiger“, vor seiner Hütte im Ural, in der er seit mehr als 40 Jahren sein alternatives Leben führt. 1910. Drei-Farben-Fotografie von Sergei Prokudin-Gorski. Beide Abbildungen aus dem Album „Ansichten aus dem Uralgebirge mit Erkundung des Industriegebiets“

Unten:
Bäuerin beim Spinnen von Garn vor ihrer Haustür. 1910. Drei-Farben-Fotografie von Sergei Prokudin-Gorski. Aus dem Album „Ansichten entlang der oberen Wolga“

Oben:
Dalmatowo bei Kurgan, Südural. Blick vom Glockenturm des Mariä-Entschlafens-(Uspenski-)Klosters auf die Stadt am Beginn des westsibirischen Tieflands. 1912. Drei-Farben-Fotografie von Sergei Prokudin-Gorski. Aus dem Album „Ansichten aus dem Uralgebirge und Westsibirien"

Rechts:
Wetluga bei Nischni Nowgorod, Wolga. Kirche der Siedlung am Fluss Wetluga, einem Nebenfluss der Wolga. 1910. Fotografie von Sergei Prokudin-Gorski. Aus dem Album „Ansichten aus dem Uralgebirge mit Erkundung des Industriegebiets"

Rechts:
Vater Superior Ksenofont, der Abt des Nikolai-Klosters in Werchoturje bei Swerdlowsk am Ostrand des Ural. 1910. Fotografie von Sergei Prokudin-Gorski

Gegenüber:
Der Mönch Makarij vor seiner Zelle im Nikolai-Kloster in Werchoturje. 1910. Fotografie von Sergei Prokudin-Gorski. Beide Abbildungen aus dem Album „Ansichten aus dem Uralgebirge mit Erkundung des Industriegebiets"

Unten:
Mönche beim Kartoffel-Legen. 1910. Drei-Farben-Fotografie von Sergei Prokudin-Gorski. Aus dem Album „Ansichten entlang der oberen Wolga"

Ai, du Fuß, du Fuß der Kirche,
ai, du Leuchter des Altars,
unser Popenväterchen,
Heil dir ...!

Altrussisches Kirchenlied

Sie wissen ja, wie elend die materiellen und moralischen Verhältnisse unserer Popen sind, der Swjatschenik unserer Dorfkirchspiele lebt fast immer in bitterster Not, die ihn allzuoft jeder Würde, jedes Schamgefühls, jeder Achtung vor seiner Tracht und vor seinem Amt beraubt. Die Bauern verachten ihn ob seiner Faulheit und Trunksucht; außerdem streiten sie fortwährend mit ihm über den Preis der Messen und Abendmahle; so schämen sie sich auch gar nicht, ihn gelegentlich zu beschimpfen und sogar durchzuprügeln … Unsere Sozialisten haben diese jammervolle Lage der niederen Geistlichkeit sehr geschickt ausgebeutet.

Graf Wladimir Nikolajewitsch Kokowzow, ehemaliger Ministerpräsident, 29. März 1916

Mein Haus ist da, wo der Fußboden die Erde ist, die Decke der Himmel, nur hat es keine Wände und kein Dach … Wen Gott verflucht hat, der wohnt in diesem Haus …

Osip, in Tschechows *Die Vaterlosen (Platonov)*

Oben:
Wandernde Tagelöhner bei einer Rast. Um 1900. Fotografie

Gegenüber:
Obdachloser Wanderarbeiter in der Landwirtschaft. Um 1900. Fotografische Postkarte (Phototypie Scherer, Nabholz & Co., Moscou)

Oben:
Treidler an einem Nebenfluss der Wolga. Treidler wurden an der Wolga noch lange nach den ersten Dampfschiffen eingesetzt, um Lastkähne stromaufwärts zu ziehen. Sie versinnbildlichen im berühmtesten Gemälde von Ilja Repin (1873) das Elend und die Leidensfähigkeit des russischen Volkes. Um 1895. Fotografie

Gegenüber:
Wolgatreidler (burlaki). Um 1900. Fotografische Postkarte

Moskau und Umgebung

Die Stadt Moskau ist nach dem Moskwa-Fluss benannt, an dessen Ufer sie gebaut ist. Ihre Lage stromaufwärts der Wolga war ein wichtiger Faktor in ihrem raschen Aufstieg zu Bekanntheit und Macht und seit dem mittelalterlichen Großherzogtum von Moskau über die von Iwan dem Schrecklichen 1547 etablierte Zarenherrschaft bis zur Gründung von Sankt Petersburg 1703 war Moskau die Hauptstadt Russlands.

Die mächtige Zitadelle des Kreml war anfangs ein einfacher hölzerner Schutzwall, der im zwölften Jahrhundert gebaut wurde, um die entstehende Stadt zu schützen. Italienische Architekten fügten drei Jahrhunderte später Türme und Kirchen hinzu und Mitte des neunzehnten Jahrhunderts fungierten das Zeughaus und der große Kremlpalast als imposante Zeugnisse einer scheinbar unangreifbaren Autokratie.

Im Nordosten Moskaus, in der Region namens Salessje, liegen die berühmten Städte des Goldenen Ringes mit ihren Kreml-Festungen, ihren Klöstern und schönen Zwiebelturm-Kirchen. Die ursprünglichen acht seit der Zeit der Reichsgründung waren Sergijew Possad, Pereslawl-Salesski, Rostow Weliki, Jaroslawl, Kostroma, Iwanowo, Susdar und Wladimir – andere kamen später dazu. Gemeinsam formen sie ein beeindruckendes Inventarium russischer Architektur vom zwölften bis zum achtzehnten Jahrhundert. Die alte Region von Salessje lag im Herzen des mittelalterlichen Staates Wladimir-Susdal, später das Großherzogtum Moskau. Über die Jahrhunderte war dies eine Schlüsselregion für die Entwicklung des russischen Staates und Reiches sowie für die Macht der orthodoxen Kirche.

1817 wurde der jahrhundertealte Markt von Makarjew, der Händler sowohl aus dem europäischen Russland als auch aus Zentralasien und sogar aus Indien anzog, nach Nischni Nowgorod im Osten Moskaus verlegt. Dieser berühmte Markt war Umschlagplatz für knapp die Hälfte aller russischen Exporte und Mitte des Jahrhunderts war Nischni Nowgorod zur Handelsmetropole des Reiches geworden. Die Brücke, die für den Markt über die Mündung des Oka-Flusses zur Wolga gebaut wurde und die Eisenbahn-Anbindung an Moskau im späten neunzehnten Jahrhundert machten aus der Stadt nicht nur einen zentralen Handelsort, sondern auch ein Industriezentrum, besonders für die Eisenverarbeitung.

Unten:
Nischni Nowgorod. Ländlicher Basar mit Teeausschank. Um 1900. Fotografie

Gegenüber:
Landkarte Russland. Aus: B. Kozenns Geographischer Atlas. Tafel No. 24. 39. Auflage. Ed. Hölzel Verlag: Wien 1905

Nischni Nowgorod war der Geburtsort des Schriftstellers Maxim Gorki, einer zentralen Figur im literarischen und später auch politischen Leben Moskaus. Zu Gorkis Kreis zählten auch sein enger Freund, der Bühnenautor Anton Tschechow, und Leo Tolstoi, Russlands berühmtester Schriftsteller. Gorki besuchte Tolstoi oft auf dessen Landsitz Jasnaja Poljana südlich der Hauptstadt, wo er viele der weniger literarischen Äußerungen des großen Mannes in einer Sammlung von persönlichen Erinnerungen dokumentierte.

Tschechows innovative Theaterstücke wurden oft im neuen Moskauer Kunsttheater gespielt, das 1898 von dem Regisseur Wladimir Nemirowitsch-Danktschenko und dem Schauspieler und Produzenten Konstantin Stanislawski, dem Begründer der einflussreichen Schule des „method acting", gegründet worden war. Das Theater konzentrierte sich auf naturalistische Stücke, die sich dezidiert gegen die melodramatischen Dramen in anderen Theatern absetzten. Lenins persönliches Interesse an Theater machte dessen Weiterbestehen nach der Revolution möglich, obwohl das künstlerische Programm ganz den propagandistischen Anforderungen des bolschewistischen Staates untergeordnet wurde.

Erst gegen Ende des neunzehnten Jahrhunderts erreichte auch das Bolschoi-Ballett Weltruhm. Obwohl schon in den 1770er Jahren gegründet, wurde es doch lange vom kaiserlichen Ballett in Sankt Petersburg in den Schatten gestellt. Erst nachdem der Choreograf Alexander Gorski 1900 als Ballettmeister engagiert wurde, schaffte es den Sprung aus der Provinz. Wie Stanislawski, dessen Arbeit ihn inspirierte, zog auch Gorski moderne, naturalistische Formen vor und setzte sich so gegen den von ihm als künstlich und akademisch beschriebenen Stil aus Sankt Petersburg ab. Das Publikum des Bolschoi-Theaters profitierte zusätzlich von der rapiden Entwicklung der russischen Musik in der zweiten Hälfte des neunzehnten Jahrhunderts und bekam schon bald regelmäßig Aufführungen von Werken russischer, bewusst in einem russischen Stil

schreibender Komponisten wie Mussorgski, Borodin und Tschaikowski zu hören.

Obwohl es gerade durch seine künstlerische Avantgarde die wichtigste aller russischen Städte war, blieb Moskau formell bis nach der Revolution lediglich Provinzhauptstadt. Im März 1918 verlegte Lenin die bolschewistische Regierung in den Moskauer Kreml, weil er fürchtete, in Sankt Petersburg (damals Petrograd) trotz seiner Friedensverträge mit Deutschland und den Zentralmächten angreifbar zu sein. Obwohl er Moskau wegen der dort vorherrschenden Nostalgie nach dem Zarenreich und dem orthodoxen Glauben und wegen seiner rückwärtsgewandten „Bauernmanieren" hasste, machte er die Stadt zur Hauptstadt der Russischen Sozialistischen Föderativen Sowjetrepublik und wenig später der gesamten, neu gegründeten UdSSR.

Gegenüber:
Rostow Weliki („Das große Rostow"), eine der ältesten russischen Städte, mit Susdal, Uglitsch, Jaroslawl oder Wladimir zum „Goldenen Ring" um Moskau gehörig. Die Auferstehungskirche im Kreml. 1911. Drei-Farben-Fotografie von Sergei Prokudin-Gorski

Rechts:
Ostaschkow bei Twer, Zentralrussland. Blick auf den Friedhof mit der Friedhofskirche zur Kreuzerhöhung. 1910. Drei-Farben-Fotografie von Sergei Prokudin-Gorski. Beide Abbildungen aus dem Album „Ansichten entlang der oberen Wolga zwischen Jaroslawl, Wladimir und Kostroma"

Wenn die Seele Abschied nimmt,
klagt sie um den weißen Leib:
„Lebe wohl, mein weißer Leib,
in die feuchte, kühle Gruft wirst du gegraben,
und die Würmer werden bald
nichts mehr von dir übrig lassen.

Altrussisches Kirchenlied

Sind die Russen so religiös wie alle normalerweise behaupten? Ich stelle mir oft diese Frage … Die Menschen sind religiöser, oder zumindest christlicher, als die Kirche. In der Frommheit der Masse ist mehr Spiritualität, mehr Mystik, mehr Ergiffenheit als in der orthodoxen Theologie oder im Dogma. Die offizielle Kirche ist zu einem Instrument der Autokratie geworden, zu einer Mischung aus Bürokratie und Polizei, und verliert Tag für Tag seine Macht über die Seelen.

Maurice Paléologue, 10. Januar 1915

Gegenüber:
Kostroma, Zentralrussland. Die Kathedrale des Erscheinens Christi aus den Jahren 1559–1565, das älteste erhaltene Bauwerk der Stadt. 1910. Drei-Farben-Fotografie von Sergei Prokudin-Gorski. Aus dem Album „Ansichten entlang der oberen Wolga zwischen Kaschin und Makarew“

Oben:
Rostow Weliki, Zentralrussland. Museum im Fürstenpalais. 1911. Drei-Farben-Fotografie von Sergei Prokudin-Gorski

Links:
Wladimir, Zentralrussland. Die Demetrius-Kathedrale. 1911. Drei-Farben-Fotografie von Sergei Prokudin-Gorski. Beide Abbildungen aus dem Album „Ansichten entlang der oberen Wolga zwischen Jaroslawl, Wladimir und Kostroma“

Oben:
Nischni Nowgorod, Wolga. Ansicht der Stadt von den Befestigungsanlagen der Zitadelle. Um 1890–1900. Photochrom

Links:
Nischni Nowgorod. Stadtpanorama. Um 1880. Fotografie

Unten:
Nischni Nowgorod. Die Messe-Brücke (heute Kanawinski-Brücke) über die Oka vor ihrer Einmündung in die Wolga. Um 1890–1900. Photochrom

Links:
Schusterlehrling. 1900. Fotografie von Natalja Nordman

Unten:
Bauer aus der Gegend von Simbirsk an der Wolga. Um 1910. Fotografie von William Carrick

Gegenüber:
Reiche Bauern aus der Umgebung von Nischni Nowgorod. Um 1880. Fotografie

Ich hatte gehört, dass die Kaufleute in den Geschäftsarkaden eine neue Lieferung Lammfelljacken … vom Markt in Nischni Nowgorod erhalten hatten, was ich beiläufig meinem Mann erzählte. Er war sehr interessiert, sagte, dass er selbst einmal eine solche Jacke getragen hatte und wollte eine ähnliche für unseren Fedja kaufen … Bekleidet mit seiner Kappe und seiner Lammfelljacke … sah unser rundlicher, rosiger kleiner Bub ganz wunderbar aus.

Anna Dostojewski, Erinnerungen

Komm nach Moskau!!! Ich habe mich schrecklich in Moskau verliebt. Wer sich einmal an Moskau gewöhnt hat, der fährt nie wieder von hier fort. Ich bin für immer Moskauer geworden.

Tschechow, Brief an Kramarow, 8. Mai 1881

Oben:
Moskau. Blick vom Kreml auf die Stadt an der Moskwa. Um 1910. Fotografie

Links:
Moskau. Die Große Steinbrücke über die Moskwa. Zwischen 1687 und 1692 unter der Leitung Filarets erbaut, wurde sie als „siebentes Weltwunder" bezeichnet. Unter ihren Rundbögen suchten häufig Diebe und Räuber Unterschlupf. Obwohl sie in der zweiten Hälfte des 19. Jahrhunderts durch eine Eisenkonstruktion ersetzt wurde, blieb der Name „Große Steinbrücke" erhalten. Um 1860. Fotografie

Links:
Moskau. Kapelle der Iberischen Muttergottes beim Auferstehungstor des Kreml. Um 1890. Fotografie

Unten:
Moskau. Kirchenprozession. Um 1900. Fotografie

Gegenüber:
Moskau. Die Basilius-Kathedrale im Kreml. Um 1890. Fotografie

Die Minderheit hat ein Bedürfnis nach Gott, weil sie schon alles andere hat; die Mehrheit, weil sie nichts hat.

Leo Tolstoi, in Gorkis *Reminiscences*

Oben:
Moskau. Zar Nikolaus II. und die Zarin betreten anlässlich der Feier des dreihundertjährigen Bestehens des Hauses Romanow samt Gefolge den Kreml. 1913. Fotografie

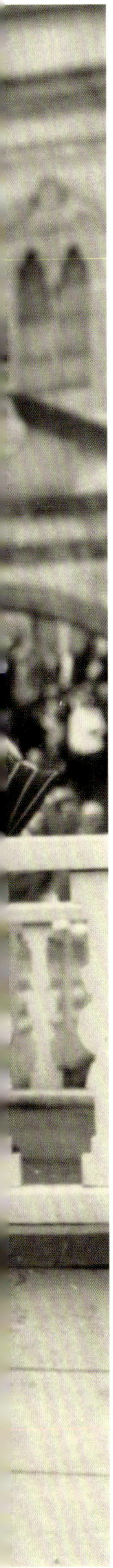

Oben:
Moskau. Die Zarenglocke im Kreml. Die 1735 gegossene Glocke, eine der größten weltweit, wurde nie geläutet und steht seit 1836 als Sehenswürdigkeit im Kreml. 1909. Fotografie von Murray Howe

Links:
Moskau. Die Zarenkanone im Kreml aus dem Jahr 1586, seinerzeit die größte Kanone der Welt, die aber nie einen Schuss abgegeben hat. 1909. Fotografie von Murray Howe

Eines Abends begann [Fjodor Schaljapin] bei mir zu Hause ohne Begleitung zu singen. Er war ein Riese, mit einfachen Manieren und etwas ungeschliffen, aber reich begabt, wie es Männer von bescheidener russischer Herkunft oft sind.

Nicolas de Basily, Memoirs

Links:
Fjodor Schaljapin (1873–1938), der wohl berühmteste Bassist der ersten Hälfte des 20. Jahrhunderts, als Boris Godunow in Modest Mussorgskis Oper „Boris Godunow". 1913. Fotografie

Oben:
Konstantin Stanislawski (1863–1938), einer der hervorragendsten Schauspieler und Regisseure seiner Zeit mit großem Einfluss auf das internationale Theater, als Laienschauspieler in der Rolle des Don Juan in einer Aufführung der Moskauer „Gesellschaft der Künste" von Alexander Puschkins „Der Steinerne Gast". 1889. Fotografie

Oben:
Moskau. Das Bolschoi-Theater, 1776 gegründet, 1825 nach einem Brand in klassizistischem Stil wieder errichtet. 1909. Fotografie von Murray Howe

Links:
Fjodor Schaljapin (1873–1938) posiert für Ilja Repin auf dessen Landsitz „Penaty“ in Karelien. Schaljapin war gerade auf dem Höhepunkt seines Ruhmes, als Repin dieses Portrait malte. 1915. Fotografie von Carl Bulla

Alles ist still in Moskau. Nur ganz selten hört man noch hier und da Wagenräder über die winterliche Straße knirschen.

Leo Tolstoi, Die Kosaken

Gegenüber:
Moskau. Ballon-Verkäufer im Winter. Um 1900. Fotografie

Rechts:
Moskau. Der Lubjankaja-Platz im Winter. Um 1910. Fotografie

Unten:
Moskau. Die Petrowka-Straße im Winter. Um 1910. Fotografie

Die Umgebung der Petrowka und ihrer Nebenstraße schien ein Stück Petersburg zu sein, das man nach Moskau versetzt hatte. Die symmetrischen Gebäude …, die stilvollen Ornamente der Fassaden … riefen diesen Eindruck hervor, der durch das elegante Tabakgeschäft und das Restaurant mit seinen … Gaslaternen … noch verstärkt wurde.

Boris Pasternak, Doktor Schiwago

Das Restaurant selbst erstrahlte in Licht und Farbe. Der lange, hohe Raum war auf allen Seiten von einem Balkon umgeben. Entlang des Balkons waren heiter erleuchtete Fenster und Türen, die zu privaten Räumen führten, die man in Russland als „kabineti" bezeichnet und in denen die verderbte Jugend und die verdorbenen Alten abseits aller neugierigen Blicke ihr ergaunertes Geld für Zigeunerlieder und Zigeunerliebe ausgeben konnten.

R.H. Bruce Lockhart, Memoirs of a British Agent

Oben:
Moskau. Interieur des Restaurant Grjasi. Um 1900. Fotografische Postkarte

Gegenüber oben:
Moskau. Innenansicht des Delikatessengeschäfts der Brüder Jelissejew in der Twerskaja-Straße. 1901. Fotografie

Gegenüber unten:
Moskau. Textilienmarkt in der Nähe des Roten Platzes nach der Geschäftszeit. 1886. Fotografie

Gegenüber rechts:
Typische Moskauer Kellnerkleidung. Um 1900. Fotografische Postkarte

Ich erinnere mich noch gut an den ersten Eindruck, den Moskau 1876 auf mich machte. Ich war bereits dreizehn. Nach dem provinciellen, stillen Taganrog … versetzte mich Moskau in großes Erstaunen. Riesige Häuser, wunderbare Theater, endlose Straßen, Gassen, Sackgassen, in denen ich mich immer wieder verlief, zahllose Geschäfte, Läden, Speicher, laute Märkte, die an Rummelplätze erinnerten, das berühmte Moskauer Glockengeläut, die auf Gleisen dahinrollenden Pferdebahnen – all das regte meine Phantasie heftig an.

Maria Tschechowa, Mein Bruder Anton Tschechow

Oben:
Moskau. Sonntag auf dem Jagd-Markt rund um den Sucharew-Turm. Um 1910. Fotografie

Rechts:
Moskau. Marktfrauen und ihre Kunden. 1909. Fotografie von Murray Howe

Unten:
Moskau. Russische Bäuerinnen bieten ihre Textilwaren auf einem Markt unter freiem Himmel an. 1909. Fotografie von Murray Howe

Der Ochotny Rjad (Jagdmarkt) ist der Leib Moskaus … Der … hatte seinen Namen noch aus der Zeit, als es hier noch erlaubt war, mit Wild zu handeln, das von vorstädtischen Jägern gebracht wurde.

Wladimir Giljarowski, Moskau und die Moskauer

Die Marktfrauen kamen zusammen mit ihren Ehemännern und Untermietern … auf den Flohmarkt und deckten sich sogleich mit frischer Ware ein, die im Direktkauf gekauft wurde, und pumpten die Käufer damit voll.

Wladimir Giljarowski, Moskau und die Moskauer

Links:
Moskau. Jugendliche Straßenverkäufer. 1909. Fotografie von Murray Howe

Oben:
Moskau. Auf dem Jagd-Markt beim Sucharew-Turm. Um 1900. Fotografie

Rechts:
Moskau. Straßenhändler mit Gurken. 1909. Fotografie von Murray Howe

Links:
Moskau. Kopftuchverkäuferin. Um 1900. Fotografie

Rechts:
Moskau. Bauersfrauen bringen ihre Waren zum Markt. Um 1870. Fotografie

Unten:
Moskau. Hausierer mit Spielzeug und Sieben. Um 1900. Fotografie

Straßenverkäufer

Die Häuser des Chitrow-Marktes (Chitrowka) waren in Wohnungen unterteilt mit jeweils einem großen oder zwei–drei kleineren Zimmern, mit manchmal zweistöckigen Holzliegen, in denen Obdachlose ohne Rücksicht auf Alter und Geschlecht übernachteten …
Jeder Vermieter hatte seine eigene Kundschaft: Beim einen wohnten Einbrecher, beim anderen Sandler, beim nächsten Diebe, und beim anderen einfach Arme. Wo die Armen sind, da sind auch die Kinder – zukünftige Sträflinge. Wer in der Chitrowka geboren wird, und es schafft, in dieser schrecklichen Gegend aufzuwachsen, der endet im Gefängnis. Ausnahmen sind selten.

Wladimir Giljarowski, Moskau und die Moskauer

Zwei- und dreistöckige Häuser am Rande des Platzes waren voll mit Nachtasylen, in denen bis zu zehntausend Menschen nächtigten und hausten. Diese Häuser brachten den Eigentümern einen riesigen Gewinn. Jeder Nachtasylant bezahlte einen Fünfer für die Nacht, während die Einzelzimmer für einen Zwanziger gehandelt wurden.

Wladimir Giljarowski, Moskau und die Moskauer

Gegenüber:
Moskau. Der Chitrow-Markt (Chitrowka). Auf dem großen Platz im Zentrum wurde mit allem gehandelt, selbst mit abgetragenen Schuhen. Um 1895. Fotografie

Rechts:
Moskau. Bewohner eines Nachtasyls am Chitrow-Markt. Rund um den Platz befanden sich zwei- und dreistöckige Häuser mit Nachtasylen, in denen die Ärmsten der Armen hausten. Um 1895. Fotografie

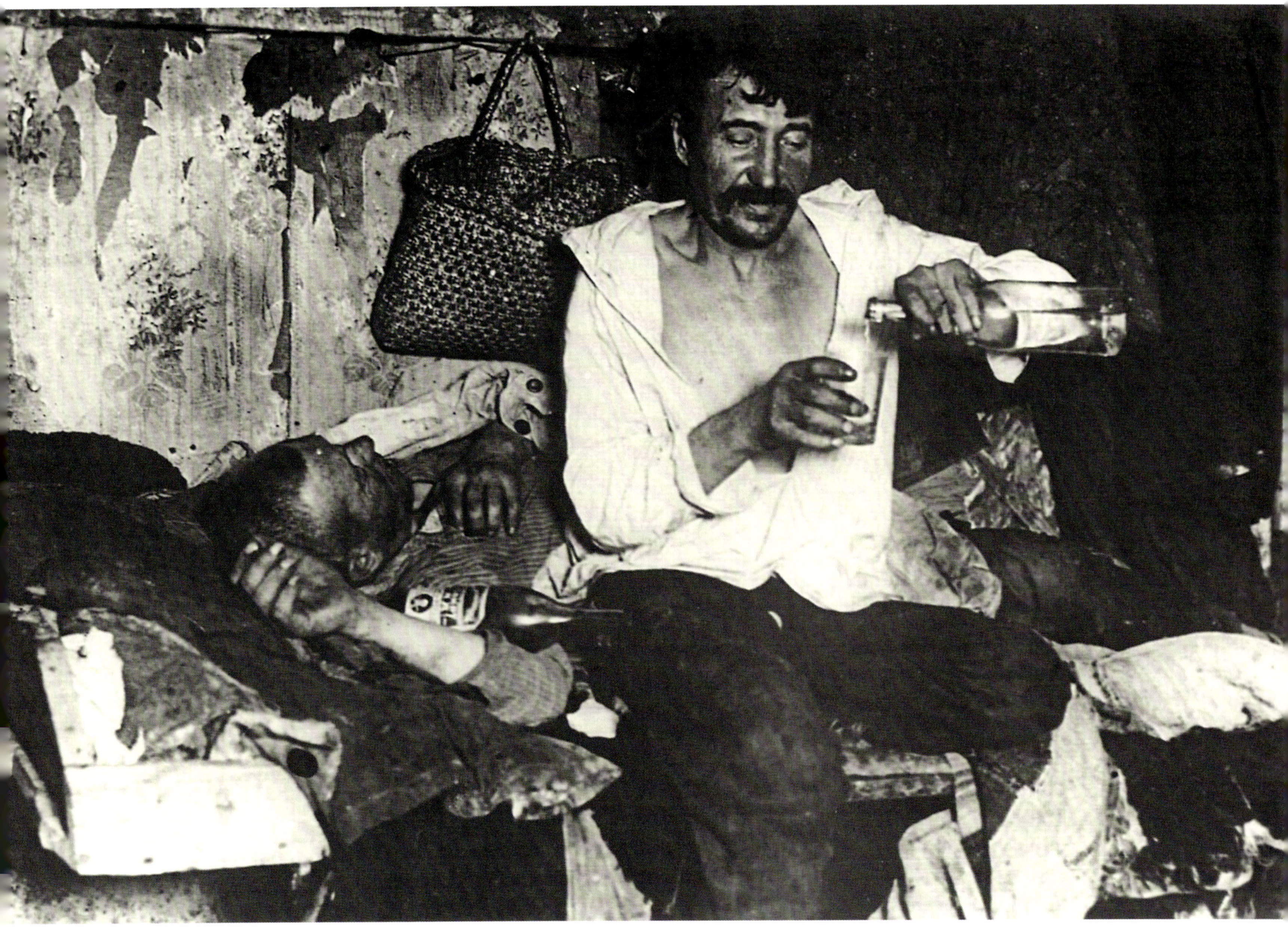

Die Straßen waren öde und leer. Die baufälligen Häuser, in deren Wänden ein bescheidenes und langweiliges Leben ablief, standen traurig und hoffnungslos da. Ab und zu begegnete man einigen Leuten, die so langsam dahinschlichen, als hätten sie kein Ziel oder kaum noch die Kraft, gegen die niederdrückende Müdigkeit anzukämpfen, und sehnten sich nur noch nach einem endlosen Schlaf.

Fjodor Sologub, Der kleine Teufel

Oben:
Moskau. Zwei Nachtasylbewohner im Wodkarausch. Um 1904. Fotografie

Gegenüber oben links:
Portrait eines Jungen in Schürze. Um 1860. Fotografie

Gegenüber oben Mitte:
Jugendliche Straßenhändler. Um 1900. Fotografie von William Carrick

Gegenüber oben rechts:
Portrait einer alten Frau. Um 1860. Fotografie

Gegenüber unten:
Moskau. Ansicht der Alexandrow-Straße, eine der Ausfallsstraßen der Stadt. 1914. Fotografie

ОБУВИ
КОЛБАСНЫЙ
ЛЕЧЕБНИЦА
ЛУЧШАЯ
МАНУФАКТУРА
ЗУБЫ
ТРАКТИРЪ
АПТЕКАРСКІЙ

Oben:
Moskau. Demonstrationen beim Begräbnis des Revolutionärs Nikolai Bauman. 20. Oktober 1905. Fotografie

Rechts:
Moskau. Durchsuchung eines verdächtigen Passanten durch die Stadtpolizei. 1905. Fotografie

Gegenüber:
Moskau. Straßenbarrikaden während der Ersten Russischen Revolution. 1905. Fotografie

Ich würde nicht sagen, daß mir die Revolution [von 1905] nichts bedeutet hat. Natürlich tat sie das. Aber ich konnte den Zwang nicht ertragen, über sie in Extasen zu fallen und über die Regierung entrüstet zu sein …

Waleri Brjussow, Tagebuch

An den Bahnstationen versammelten sich Soldaten. In kleinen Gruppen diskutierten, stritten, gestikulierten sie. Ein großer bärtiger Bauer steckte seinen Kopf in unser Abteil und herrschte einen wohlgekleideten Passagier an: „Burschui!“ [Bourgeois!] Er sah sehr komisch aus, aber niemand wagte zu lachen.

Louise Bryant, Eine Amerikanerin in Rußland

Links:
Anton Tschechow im Kreis seiner Familie und Freunde im Hof seines Hauses in der Sadowaja-Kudrinskaya Nr. 6 in Moskau. Um 1890. Fotografie
Anton Tschechow (1860–1904) widmete sich ab Beginn der 1880er Jahre seiner literarischen Tätigkeit. 1901 heiratete er die Schauspielerin des Moskauer Künstlertheaters Olga Knipper. Ab 1887 schrieb er auch Dramen, deren bedeutendste „Die Möwe" (1898), „Drei Schwestern" (1901) und „Der Kirschgarten" (1904) noch heute zum Repertoire des Welttheaters gehören.
(Siehe auch S. 247)

Gegenüber links:
Leo Tolstoi (1828–1910) nahm als Offizier der Kaukasusarmee am Krimkrieg teil. Ab 1857 lebte er abwechselnd auf Jasnaja Poljana und in Moskau. Ab 1852 wurde Tolstoi literarisch tätig. Sein Meisterwerk ist – neben „Anna Karenina" (1878) – der Roman „Krieg und Frieden" (1868/69). Tolstoi hatte bedeutende Wirkung auf die gesamte realistische und naturalistische Literatur der Folgezeit.
(Siehe auch S. 247)

Tschechow hatte schöne Augen. Wenn er lächelte, wurden sie warm und zärtlich, wie die einer Frau. Und sein Lachen, fast lautlos, war irgendwie besonders schön. Im Lachen genoss er das Lachen, freute sich daran. Ich kenne niemand anderen, der so – wie soll ich es sagen – spirituell lachen konnte.

Maxim Gorki, Reminiscences

Rechts:
Anton Tschechow im Alter von 28 Jahren. 1888. Fotografie

Links:
Leo Tolstoi im Jahr seines Todes. 1910. Fotografie

Jedes Wort von Goethe wurde niedergeschrieben, aber Tolstois Gedanken verlieren sich in der Luft. Das, mein Freund, ist unerträglich russisch. Später werden die Menschen zu sich kommen und ihre Memoiren schreiben – und sie werden voller Lügen sein.

Anton Tschechow, in Gorkis *Reminiscences*

Tschechow sagte, „Ich sagte zu [Tolstoi], Gorki ist ein guter Mann. Aber er sagt: Nein, nein. Ich weiß worüber ich spreche. Er hat einen Entenschnabel als Nase; nur unglückliche und wütende Menschen haben solche Nasen. Außerdem: Frauen mögen ihn nicht, und Frauen können einen guten Mann so gut riechen wie Hunde." Während er mir das erzählte, lachte er, bis ihm die Tränen kamen.

Maxim Gorki, Reminiscences

Rechts: Maxim Gorki in seiner schwarzen Bluse. 1906. Fotografie
Maxim Gorki (1868–1936) durchstreifte in seiner Jugend als Gelegenheitsarbeiter weite Teile Russlands. 1892 begann er zu schreiben, 1898 machten ihn Erzählungen, in denen er das Leben der Landstreicher darstellte, erstmals bekannt. 1905 lernte er Lenin kennen. Er stand dem sozialistischen Realismus, zu dessen Mitbegründern er gehörte, positiv gegenüber. Gorkis herausragendes Werk ist – neben seinen autobiografischen Schriften – das Schauspiel „Nachtasyl", mit dem er auf das Elend der Armen aufmerksam machen wollte.
(Siehe auch S. 245)

Dort hinten hockte ein müßig schwitzender Mann mit gewaltigem Kutscherbart, in dunkelblauer Jacke und Schmierstiefeln über grauen soldatenfarbenen Hosen. Der müßig schwitzende Mann kippte ein Gläschen ums andere; der müßig schwitzende Mann rief den zerzausten Bedienten herbei:

– „... gefällig?"

– „Ergendwas ..."

– „Melone, der Herr?"

– „Zum Beutel: Seife mit Zucker ist deine Melone ..."

– „Banane?"

– „Ein unanständiges Opst ..."

Andrei Bely, Petersburg

Links:
Russischer Kutscher in seiner typischen Uniform. Um 1895. Fotografie

Gegenüber oben:
Moskau. Der Lubjankaja-Platz. Der Torbogen im Wladimir-Tor führt nach dem Stadtteil Kitai-Gorod, der Chinesischen Stadt, die, schon im 16. Jahrhundert das wichtigste Handelszentrum Moskaus, an den Kreml angrenzte und den Roten Platz mit einschloss. 1902. Fotografie von Otto Kirchner

Gegenüber unten:
Einspännige russische Kutsche. Um 1900. Fotografische Postkarte

ТАБАЧНАЯ ТОРГОВАЯ

Am Tag des Rennens war Karenin sehr beschäftigt; aber … er entschloss sich, seine Frau zu besuchen … und danach zum Rennen zu fahren, bei dem der ganze Hofstaat erscheinen würde … Er wollte seine Frau besuchen, weil er fest entschlossen war, den Schein zu wahren.

Leo Tolstoi, Anna Karenina

Oben:
Moskau. Die Haupttribünen des kaiserlichen Hippodroms. Um 1900. Fotografie

Links:
Moskau. Eine der Tribünenlogen des kaiserlichen Trabrennvereins. 1909. Fotografie von Murray Howe

Oben:
Moskau. Zuschauertribünen im kaiserlichen Hippodrom. 1909. Fotografie von Murray Howe

Ewiger Kampf!
Ruhe kommt nur im Traum
Durch das Blut, durch den Staub …
Das hört nicht auf …
Übereinander ziehen
die erschreckten Wolken
Die Sonne schwimmt in Blut.
Das strahlte zum Himmel
Herz, du bist still …
Nein, es gibt keine Ruhe.

Alexander Blok, aus *Aus dem Kulikowo-Feld*

Oben:
Manöver der russischen Armee. Infanteristen im Schützengraben. Um 1910. Fotografische Postkarte

Links:
Erster Weltkrieg. Tote russische Soldaten auf dem Schlachtfeld bei Baranawitschy (Weißrussland). Juni 1916. Fotografie

Gegenüber:
Erster Weltkrieg: Gefallener Soldat an der Ostfront. Fotografie. Um 1916.

Schreckliche Gerüchte über russische Soldaten, die ihre Gräben mit nichts als Stöcken in ihren Händen verteidigten, sickerten von der Front ins Hinterland. Weder die alten Männer noch die jungen Rekruten hatten Lust auf ein solches Gemetzel.

R.H. Bruce Lockhart, Memoirs of a British Agent

Dann bestieg, von minutenlangem tosendem Beifallssturm begrüßt, für die Bolschewiki Trotzki die Tribüne. [Er sprach] mit boshafter Ironie …

John Reed, Zehn Tage, die die Welt erschütterten

Links:
Oktoberrevolution 1917 in Moskau. Politische Versammlung mit Leo Trotzki am Roten Platz. Um 1917/18. Fotografie

Oben:
Februarrevolution 1917 in Moskau. Ein junger Mann verteilt Flugzettel. Februar 1917. Fotografie

Ich bin verzweifelt, daß ich … keine Nachrichten habe. Und ich bin noch mehr verzweifelt, weil es mir nicht gelingt, mein Geld von der Bank … zu bekommen … In mir regt sich immer stärker der Verdacht, daß die zweitausend Rubel im Meer der russischen Revolution untergehen werden.

Michail Bulgakow, Brief vom 31. Dez. 1917 an seine Schwester Nadeschda

Die Fotografen

Andrejew, Leonid (1871–1919), Dramatiker und Schriftsteller, wurde in der Provinz Orjol südwestlich von Moskau in eine Familie der Mittelschicht geboren. Er studierte Jura in Moskau und St. Petersburg und arbeitete dann als Reporter beim Polizeigericht. Von Maxim Gorki dazu ermuntert sich ganz der Schriftstellerei zu widmen, wurde Andrejew schnell zur literarischen Sensation. Als aktiver Unterstützer der demokratischen Reform in den Anfangsjahren des 20. Jahrhunderts war er bestürzt über den bolschewistischen Putsch von 1917. In Literatenkreisen in Ungnade gefallen und dem neuen Regime gegenüber feindlich gesonnen, zog er sich zurück in ein Leben in Armut im finnischen Kuokkala, wo er an einem Herzversagen starb.

Bulla, Carl (1853/55–1929), deutsch-russischer Fotograf und Pionier des Fotojournalismus. Bulla wurde im preußischen Leobschütz (dem heutigen Głubczyce in Polen) geboren. Mit zehn oder zwölf lief er von zuhause weg, um sein Glück in St. Petersburg zu suchen. Dort begann er als Laufbursche bei einem Händler für Fotozubehör und arbeitete später in der händischen Herstellung von gläsernen Negativplatten. Mit 20 gründete er eine erfolgreiche kleine Firma, in der ebendiese Platten industriell gefertigt wurden. 1875 eröffnete Bulla ein Studio für Portraitfotografie in St. Petersburg und wurde in Russland eingebürgert. Zehn Jahre später erhielt er die polizeiliche Genehmigung, seinen beruflichen Aktionsradius zu erweitern, und so begann seine fotojournalistische Dokumentation von Straßenszenen und dem russischen Alltagsleben. 1916 zog er sich auf die Insel Ösel (heute Saaremaa, Estland) zurück, wo er sein eigenes Œuvre fortsetzte und auch sein technisches Wissen an aufstrebende Kollegen weitergab.

Carrick, William (1827–78), schottisch-russischer Fotograf, wurde in Edinburgh geboren, kam aber bereits im Kindesalter nach Kronstadt im Finnischen Meerbusen, wo sein Vater als Holzhändler arbeitete. Er studierte Architektur in St. Petersburg und Rom, entschied sich dann aber für eine Fotografenlaufbahn. In Edinburgh traf er den Fotografenmeister John MacGregor, mit dem er in St. Petersburg ein Fotostudio gründete. Carrick war ein Vorreiter der ethnografischen Fotografie und fertigte für adlige Gönner zahlreiche Abzüge zeitgenössischer Gemälde. Er starb an einer Lungenentzündung in St. Petersburg.

Fenton, Roger (1819–69), englischer Fotograf, der vor allem durch seine Aufnahmen aus dem Krimkrieg (1853–56) bekannt wurde. Fenton wurde in eine wohlhabende Familie in der englischen Grafschaft Lancashire geboren und studierte am liberal orientierten Londoner University College Griechisch, Latein und Mathematik, bevor er sich privat zum Maler ausbilden ließ. Inspiriert von den Fotografien, die 1851 bei der Großen Weltausstellung in London gezeigt wurden, reiste er nach Paris um die Kalotypie (Talbotypie), eine Fototechnik mit gewachstem Papier, zu erlernen. Nach einer Fotoreise, die ihn nach Russland führte, kehrte er nach London zurück und gründete die (Royal) Photographic Society unter der Schirmherrschaft von Prinz Albert, dem Prinzgemahl, auf dessen Vorschlag hin er auch 1855 als erster offizieller britischer Kriegsfotograf auf die Krim entsandt wurde. 1862 verkaufte Fenton seine Fotoausrüstung und kehrte der Fotografie den Rücken.

Howe, Murray (1869–1941), amerikanischer Sportjournalist und -fotograf. Howe wurde in New Jersey geboren und begann in seinen Zwanzigern für *The Horse Review* zu schreiben. Schließlich wurde er Geschäftsführer von Billings Park, einer Rennbahn in Memphis, Tennessee, die dem Petrochemie-Tycoon und Gründer von Union Carbide C. K. G. Billings gehörte. 1909 ging Billings mit seinen Pferden auf eine Ausstellungstour durch Europa, die ihn auch nach Russland führte, und nahm Howe als Fotojournalisten mit. Bald nach seiner Rückkehr nach Amerika wurde Howe zum Leiter der Werbeabteilung von Union Carbide ernannt. Er war ein lebhafter, beliebter Zeitgenosse und wurde für seine Verdienste um die Fotografie im Rennsport in die Harness Racing Hall of Fame aufgenommen.

Jermakow, Dmitri (1846–1916), russischer Fotograf, bekannt vor allem für seine Arbeit im Kaukasus. Wurde im georgischen Tiflis als Sohn eines italienischen Architekten und einer Mutter österreichischer Herkunft geboren. Als Militärfotograf diente er im Russisch-Osmanischen Krieg von 1877–78 und eröffnete anschließend ein Fotostudio in Tiflis. Er bereiste große Teile des südwestlichen Reiches, die Türkei und Persien und fotografierte Bewohner, Landschaften, Bauwerke und archäologische Forschungsstätten. Jermakow blieb im Bereich der fotografischen Techniken stets auf der Höhe der Zeit, zog es allerdings vor, seine Bilder nicht zu bearbeiten. Diese wurden sowohl für ihre künstlerische Qualität als auch ihren dokumentarischen Wert hoch geschätzt und trugen ihm zahlreiche Auszeichnungen ein. Jermakow starb in Tiflis.

Kennan, George (1845–1924), US-amerikanischer Forschungsreisender und Kriegsberichterstatter, Autor und Vortragender, wurde in Ohio geboren und arbeitete bereits als Zwölfjähriger in einem Telegrafenamt. Die erste seiner drei ausgedehnten Russlandreisen trat er 1864 an, er sollte die Möglichkeit einer Überland-Telegrafenroute durch Sibirien und über die Beringstraße bis nach Kamtschatka überprüfen. In Folge erforschte er auch kaum bekannte Regionen des Kaukasus und bereiste den europäischen Teil Russlands sowie Westsibirien. Nach anfänglicher Unterstützung für das autokratische Zarenregime, das seine Reisen begrüßte, wurde er nach und nach zu seinem entschlossenen Gegner, der über 20 Jahre lang über die Notwendigkeit einer Revolution in Russland dozierte.

Prokudin-Gorski, Sergei (1863–1944), Pionier der Farbfotografie. Kind adeliger Eltern in der russischen Provinz Wladimir, studierte Chemie, Malerei und Musik in St. Petersburg und lernte bei Adolf Miethe in Berlin schließlich Fotochemie und Dreifarbenfotografie, die Grundlagen seiner späteren eigenen Technik. 1890 heiratete Prokudin-Gorski Anna Lawrowa, die Tochter des russischen Industriellen Alexander Lawrow, und wurde Vorsitzender der Geschäftsführung in Lawrows Metallfabrik bei St. Petersburg, ein Posten, den er bis zur Oktoberrevolution von 1917 behielt. 1901 eröffnete er in St. Petersburg ein Fotostudio und -labor und wurde später auch Herausgeber des führenden russischen Fotomagazins *Fotograf-Ljubitel*. Prokudin-Gorski war selbst ein gerühmter Fotograf, und 1909 schickte ihn Zar Nikolaus II. auf eine Dokumentationsreise durch das Zarenreich, im Zuge derer er an die 10.000 Farbfotografien von Landschaften und Menschen fertigte. Obwohl ihm die Bolschewiken eine Professur anboten, verließ Prokudin-Gorski Russland im Jahr 1918 und zog nach Paris, wo er bis zu seinem Tode blieb.

Die Autoren

Achmatowa, Anna (1889–1966), nom de plume der Anna Andrejewna Gorenko, Dichterin und Übersetzerin. Achmatowa wurde in Bolschoi Fontan, einem Dorf nahe Odessa, geboren und wuchs in Zarskoje Selo bei St. Petersburg auf. Mit ihren intimen, im lockeren Stil verfassten Dichtungen hatte sie schon frühe Erfolge und wurde so zur Mitbegründerin des Akmeismus, der dichterisches Handwerk und Genauigkeit über den Mystizismus des rivalisierenden Symbolismus stellte. Unter Stalin war Achmatowas Werk verpönt und wurde nur im Samisdat verbreitet. Zwei ihrer Ehemänner wurden vom Regime hingerichtet und ihr Sohn Lew verbrachte viele Jahre im Gulag. Nach Stalins Tod wurde Achmatowa nach und nach rehabilitiert. Ihr Meisterwerk, *Poem ohne Held*, wurde in der Sowjetunion während der Perestrojka der 1980er Jahre schließlich veröffentlicht. Sie zählt heute zu den herausragendsten Dichterinnen des 20. Jahrhunderts. Sie starb an einem Herzversagen in Moskau und liegt in St. Petersburg begraben.

Andrejew, Leonid (1871–1919), siehe Fotografen

Bailey, Frederick Marshman (1882–1967), britischer Oberstleutnant und Nachrichtenoffizier in den späteren Jahren des Großen Spiels, dem Tauziehen zwischen Großbritannien und Russland um die Vorherrschaft in Zentralasien. Bailey wurde im indischen Lahore geboren und wurde in England zum Berufssoldaten ausgebildet. Er diente im Ersten Weltkrieg und brach dann zu seiner berühmten Mission nach Taschkent auf, wo er die Vorhaben der neuen bolschewistischen Regierung gegenüber Indien erkunden sollte. Bailey sprach nicht nur viele Sprachen, sondern war auch ein hervorragender Reiter und versierter Naturhistoriker.

Basily, Nicolas de (1883–1963), russischer Diplomat von 1902–17, stammte aus einer Adelsfamilie und absolvierte den Großteil seiner Ausbildung im Ausland. Seine auf Französisch verfassten Memoiren sind auch heute noch eine wichtige historische Quelle. Nach 1910 betraf seine diplomatische Arbeit hauptsächlich die strategischen Interessen Russlands in Konstantinopel (dem heutigen Istanbul), am Bosporus und den Dardanellen. Als gelernter Anwalt verfasste Basily auch das Dokument zur Abdankung Zar Nikolaus II.

Bely, Andrei (1880–1934), nom de plume von Boris Nikolajewitsch Bugajew, Dichter, Literaturtheoretiker und Verfasser des berühmten Romans *Petersburg*. Bely stammte aus einer bekannten Moskauer Intellektuellenfamilie und war Mitglied der symbolistischen Bewegung, später auch Anthroposoph und Freund Rudolf Steiners. Bely starb in Maximilian Woloschins Zufluchtsort für Schriftsteller und Künstler in Koktebel am Schwarzen Meer.

Blok, Alexander (1880–1921), symbolistischer Dichter. Kind einer St. Petersburger Intellektuellenfamilie, wurde nach der Trennung seiner Eltern von aristokratischen Verwandten bei Moskau aufgezogen. Sein frühes Werk wurde von den romantischen Dichtern Fjodor Tjuttschew und Afanassi Fet beeinflusst, er fühlte sich aber auch von der synkretistischen Religionsphilosophie des Wladimir Solowjow angezogen. Blok war ein enger Freund und Mentor der Dichterin Anna Achmatowa. Seine späteren Arbeiten betrafen hauptsächlich politische Themen, seine kurzzeitige Begeisterung für die Revolution etwa zeigt sich in seinem 1918 verfassten Gedicht *Die Zwölf*. Blok starb in St. Petersburg und wurde auf dem Smolensker Friedhof beigesetzt.

Brjussow, Waleri (1873–1924), Dichter, Prosaist, Übersetzer und Verfasser eines berühmten Tagebuchs (1893–1905). Brjussow, Kind einer Moskauer Kaufmannsfamilie, wurde zu einer führenden Persönlichkeit der symbolistischen Bewegung Russlands sowie Herausgeber der einflussreichen Literaturzeitschrift *Vesy* (Die Waage). Obwohl er der Revolution skeptisch gegenüberstand, nahm er einen Posten beim Kulturministerium des bolschewistischen Regimes an.

Bryant, Louise (1885–1936), US-amerikanische marxistische Journalistin. Wie ihr Ehemann John Reed veröffentlichte sie einen Augenzeugenbericht über die Oktoberrevolution von 1917 im damaligen Petrograd. Sie erlag in Frankreich einem Hirntumor.

Bulgakow, Michail (1891–1940), Dramatiker, Humorist und Romanautor sowie Verfasser des inoffiziellen sowjetischen Meisterwerks *Der Meister und Margarita* (posthum veröffentlicht). Bulgakow wurde in eine große und beinahe verdächtig glückliche Familie in Kiew geboren, wo sein Vater als Professor an der theologischen Akademie und seine Mutter als Lehrerin arbeiteten. Er besuchte das Gymnasium und wurde dann an der Kiewer St. Wladimir Universität zum Arzt ausgebildet. Bulgakow diente als Armeearzt im Ersten Weltkrieg, wo er schwer verwundet wurde, sowie im Russischen Bürgerkrieg. Vom Typhus geschwächt, gab er die Medizin 1919 auf um sich ganz der Literatur zu widmen und zog nach Moskau, wo er hauptsächlich von journalistischer Arbeit lebte. Obwohl Stalin seine schützende Hand über ihn hielt, kam Bulgakow bald mit den Behörden in Konflikt, und obgleich er nicht direkt verfolgt wurde, blieben ihm nach der kulturellen Blütezeit der 1920er Veröffentlichungen und Emigration untersagt. Er starb an einer ererbten Nierenkrankheit und wurde in Moskau begraben.

Custine, Marquis Astolphe de (1790–1857), Diplomat und Reiseschriftsteller, der „de Tocqueville Russlands". Custine entstammte einer wohlhabenden Lothringer Aristokratenfamilie. Sowohl Vater als auch Großvater starben durch die Guillotine, und so wurde Custine von seiner intellektuellen Mutter und deren Liebhaber, dem großen konservativen Schriftsteller der französischen Romantik Chateaubriand, aufgezogen. Eine vielversprechende diplomatische Karriere wurde durch einen öffentlichen Eklat um seine Homosexualität vorzeitig beendet, und so schrieb Custine eine Reihe erfolgloser Romane, Gedichte sowie ein Theaterstück, bevor er sein wahres métier als Reiseschriftsteller fand. Seine *Lettres de Russie* aus dem Jahr 1839, die das repressive Regime von Zar Nikolaus I. scharf kritisierten, waren in Russland verboten und wurden dort de facto bis 1996 nicht veröffentlicht. Im restlichen Europa jedoch waren sie ein großer Erfolg, auf Deutsch erschienen sie unter dem Titel *Rußland im Jahre 1839*. Custine war eng mit Balzac und Chopin befreundet und verbrachte den Großteil seines späteren Lebens mit seinem englischen Lebensgefährten Edward Saint-Barbe.

Dostojewski, Anna (1846–1918), zweite Ehefrau Fjodor Dostojewskis und Autorin eines bedeutenden Tagebuchs über ihr Leben mit dem großen Schriftsteller. Als Anna Snitkina in St. Petersburg als Tochter eines ukrainischen Landvermessers und seiner finnisch-schwedischen Frau geboren, erlernte sie später das Stenographieren und arbeitete als Dostojewskis Sekretärin, bevor sie ihn 1867 heiratete. Auch nach ihrer Eheschließung unterstützte sie ihn weiter: Jeden Abend diktierte Dostojewski ihr sein Tagwerk. Das Paar hatte drei Kinder. Nach Dostojewskis Tod 1881 gründete Anna das Dostojewski-Museum in St. Petersburg, gab neue Werkausgaben heraus und erstellte dazu einen bibliographischen Index. Anna Dostojewski starb mittellos, von ihrer Familie durch die Revolution abgeschnitten und von Malaria und Unterernährung geschwächt in äußerst elenden Verhältnissen auf Jalta.

Dostojewski, Fjodor (1821–81), Verfasser von psychologisch-realistischen Meisterwerken wie *Schuld und Sühne* oder *Die Brüder Karamasow*. Als Kind einer Moskauer Familie aus dem niederen Adel kam er bereits durch seine Eltern mit dem Reichtum der russischen Literatur in Berührung. Nach der Schulzeit in Moskau studierte er Ingenieurtechnik an der Militäruniversität in St. Petersburg. Sein erster Roman *Arme Leute*, der erschien, als Dostojewski erst 26 Jahre alt war, wurde positiv aufgenommen, mit 28 allerdings wurde er aufgrund seiner Freundschaft zu Mitgliedern des Petraschewzen-Zirkels verhaftet, scheinhingerichtet und zu vier Jahren Strafarbeit sowie sechs weiteren Jahren im sibirischen Exil verurteilt. Nach seiner Rückkehr lebte er als Schriftsteller in St. Petersburg. Gegen Ende seines Lebens litt Dostojewski an einem Lungenemphysem. Er starb an einer Lungenblutung und wurde auf dem Friedhof des Alexander-Newski-Klosters in St. Petersburg beigesetzt.

Giljarowski, Wladimir (1853–1935), Schriftsteller und Journalist, war eine herausragende Persönlichkeit mit großem Humor und immenser körperlicher Kraft, bekannt vor allem für seine Erinnerungen an Moskau zur Zeit der Jahrhundertwende. Giljarowski wurde in bescheidene Verhältnisse in Wologda, nordöstlich von Moskau, geboren und verlebte eine Kindheit voller Abenteuer, bevor er von zuhause ausriss und auf einem Frachtkahn auf der Wolga anheuerte. Es folgten eine Reihe anstrengender, illustrer Beschäftigungen (Feuerwehrmann, Pferdehirt, Soldat, Zirkusreiter, Schauspieler), bevor er sich dem Journalismus zuwandte. Ermutigt von seinem engen Freund Anton Tschechow schrieb Giljarowski 1887 sein erstes Buch, *Die Menschen der Elendsviertel*, in dem er das hoffnungslose Dasein der Armen Moskaus nachzeichnete, doch das Buch wurde behördlich vernichtet. Giljarowski dokumentierte Armut und Gewalt in der Moskauer Unterwelt jedoch weiterhin mit großer Anteilnahme, was ihm den Kosenamen „Onkel Giljai" eintrug. Er starb in Moskau.

Gogol, Nikolai (1809–52), Verfasser realistischer und surrealistischer Werke und Theaterstücke. Nachkomme niederen Adels aus einer Linie ukrainischer Kosaken aus Welyki Sorotschynzi (in der heutigen Ukraine), arbeitete in St. Petersburg im Staatsdienst und kurzzeitig als Geschichtsprofessor, bevor er sich der Literatur zuwandte. Zu seinen bekanntesten Werken zählen der satirisch-komische Roman *Die toten Seelen* sowie die Kurzgeschichten *Die Nase* und *Der Mantel*. Gogol lebte lange Zeit im Ausland, davon am längsten in Rom. In seinen mittleren Jahren verfiel Gogol zunehmend in einen religiösen Wahn, und nach seiner Rückkehr nach Russland zerstörte er, von seinem spirituellen Anführer von der Sündhaftigkeit seines Schaffens überzeugt, den zweiten Teil der *Toten Seelen*. Er verstarb nach einer Zeit strengsten Fastens.

Gorki, Maxim (1868–1936), nom de plume von Alexei Maximowitsch Peschkow, Prosaist, Dramatiker und politischer Aktivist. Seine Werke schildern das Leben der Armen und Ausgegrenzten der russischen Gesellschaft. Gorki wurde in Nischni Nowgorod geboren und bereiste als Journalist weite Teile des russischen Reiches, bevor er sich in Moskau niederließ. Sein Engagement gegen das Zarenregime brachte ihn mehrmals ins Gefängnis, und zwei lange Perioden, eine vor und eine nach der Revolution von 1917, verbrachte er im freiwilligen Exil in Italien. Obwohl er selbst Bolschewik und sowohl mit Lenin als auch mit Stalin befreundet war, stand Gorki dem neuen Regime kritisch gegenüber. Es wird vermutet, dass Stalin selbst seine Ermordung anordnete.

Herzen, Alexander (1812–70), Verleger und Memoirenschreiber. Geboren in Moskau als Kind eines russischen Adeligen und seiner deutschen Lebensgefährtin. Studierte an der physikalisch-mathematischen Fakultät der Moskauer Universität und verbrachte mehrere Jahre im politischen Exil in den russischen Provinzen, bevor er sich in St. Petersburg als Journalist und prominentes Mitglied der radikalen Intelligenzija einen Namen machte. Im Alter von 35 Jahren erbte er ein Vermögen und brach zu einer langen Reise durch Europa auf, von der er nicht wieder nach Russland zurückkehren sollte. Von London aus veröffentlichte er revolutionäre Schriften in russischer Sprache: den Almanach *Der Polarstern* und, gemeinsam mit seinem Freund Nikolai Ogarjow, die Zeitschrift *Die Glocke* sowie seine berühmten Memoiren *Mein Leben*. Obwohl Herzen Sozialist aus Leidenschaft war, stand er abstrakten Ideologien skeptisch gegenüber und konzentrierte sich lieber auf praktische, erreichbare Reformen. Er starb im Londoner Exil.

Heyden, Marina de (1889–1969), Verfasserin von Memoiren über die letzten Tage des zaristischen Regimes und die Revolution. Als russische Gräfin holländischer Abstammung und Tochter des Marine-Flügeladjutanten von Zar Nikolaus II. genoss de Heyden eine Kindheit in Luxus mit häufigen Besuchen am Zarenhof. 1909 wurde sie, die eigentlich Fürst Nikolaus Jussupow liebte, gegen ihren Willen mit Graf Arvid Manteuffel verheiratet. Das Liebesdreieck führte zu einem Duell der beiden Männer, in dem Jussupow erschossen wurde. Marina verbrachte drei Monate in einem finnischen Sanatorium und wurde schließlich von Manteuffel geschieden. Nach der Revolution ging die Familie de Heyden ins französische Exil, wo Marina den Rest ihres Lebens verbrachte. Eine kurze Ehe mit Michail Tschitschagow brachte 1920 einen Sohn hervor.

Kerenski, Alexander (1881–1970), zweiter Ministerpräsident der Übergangsregierung nach der Abdankung Zar Nikolaus II. im März 1917. Kerenski wurde 890 Kilometer von Moskau in Simbirsk (dem heutigen Uljanowsk) geboren. Sein Vater war Schuldirektor, seine Mutter entstammte einer reichen und gut vernetzten Familie. Die Arbeit des Vaters brachte die Familie früh nach Taschkent, wo der junge Kerenski die örtliche Oberschule besuchte. Dann zog er zum Studium der Rechtswissenschaften nach St. Petersburg. Bald war er bekannt für seine Verteidigung von Revolutionären bei politischen Prozessen. 1912 wurde er in die Duma gewählt und verfolgte dort einen moderaten sozialistischen Kurs. Nach der Oktoberrevolution von 1917 wurde Kerenski von Lenin entmachtet und ging ins Exil, erst nach Paris, dann in die Vereinigten Staaten. Er starb in New York, aber weil die dortigen orthodoxen Kirchen ihm eine Beerdigung versagten, liegt sein Leichnam in London begraben.

Lermontow, Michail (1814–41), romantischer Schriftsteller, „Dichter des Kaukasus", Nachfahre George Learmonts, eines schottischen Offiziers, der im 17. Jahrhundert in den russischen Militärdienst trat. Wegen seiner schlechten Gesundheit wurde er mit zehn Jahren von Moskau in den milderen Kaukasus gebracht, eine Region, der er eng verbunden blieb. Zum Besuch der Oberschule und kurzzeitig der Universität kehrte Lermontow nach Moskau zurück und zog dann nach St. Petersburg um sich zum Gardisten ausbilden zu lassen. In seinem Werk kritisierte Lermontow das, was er als teuflische, eigennützige Werte der russischen Aristokratie empfand, und schon bald wurde er zum Militärdienst zurück in den Kaukasus versetzt. Lermontow war bekannt für seinen scharfen, oft beleidigenden Witz. Mit 27 wurde er im Duell von einem Offizierskollegen in Pjatigorsk erschossen.

Lockhart, R.H. Bruce (1887–1970), Diplomat, Geheimagent, Schriftsteller und Rundfunkjournalist. Lockhart wurde im schottischen Städtchen Anstruther in der Region Fife in eine Lehrerfamilie geboren und besuchte das Fettes College in Edinburgh. Anschließend verbrachte er drei Jahre in Malaya, wo er die Gummiplantage seines Onkels führte. Dort begann Lockhart Kurzgeschichten und Gedichte zu schreiben und sorgte für einen handfesten Skandal, weil er offen mit einer malaiischen Prinzessin, einem Schützling des örtlichen Sultans, zusammenlebte. 1912 wurde er zum britischen Vizekonsul in Moskau ernannt und blieb bis nach der Revolution in Russland. Danach diente er der britischen Gesandtschaft in der neu gegründeten Republik Tschechoslowakei. In den 1920er Jahren wurde er beauftragt, den Einfluss der britischen Banken in Mitteleuropa zu erhöhen. Nach seiner Rückkehr nach London schrieb er für den *Evening Standard*. Während des Zweiten Weltkriegs beaufsichtigte er in Zusammenarbeit mit dem MI6 die Presse- und Radiopropaganda der Briten. Lockhart wurde 1943 zum Ritter geschlagen. Er starb in Schottland.

Mandelstam, Ossip (1891–1938), Dichter. Geboren in Warschau, besuchte das renommierte Tenischew-Gymnasium in St. Petersburg, reiste und studierte mehrere Jahre in Westeuropa, bevor er zum Studium der Literaturwissenschaft nach Russland zurückkehrte. Er wurde, beeinflusst von Nikolai Gumiljow, dem ersten Ehemann der Dichterin Anna Achmatowa, aktives Mitglied der akmeistischen Bewegung und veröffentlichte Gedichte von Präzision und „Diesseitigkeit" – im Gegensatz zur „Jenseitigkeit" der Symbolisten. Mandelstam wurde während der stalinistischen Säuberungen von 1938 verhaftet und starb in einem Übergangslager bei Wladiwostok.

Nabokov, Vladimir (1899–1977), Schriftsteller und Professor für russische Literatur. Kind einer adligen St. Petersburger Intellektuellenfamilie. Verließ Russland nach der Revolution, studierte am Trinity College in Cambridge und traf anschließend in Berlin wieder mit seiner Familie zusammen. Schon in seinen Zwanzigern veröffentlichte Nabokov sein erstes, auf Russisch verfasstes literarisches Werk. 1940 zog er in die USA, wo seine akademische Karriere begann: zuerst am Wellesley College, später an der Cornell University. Er brachte es mit seinen englischsprachigen Romanen und seiner Autobiografie *Sprich, Erinnerung, sprich* zu großem Ruhm und erhielt 1973 die American National Medal for Literature. Nabokov starb in Montreux.

Paléologue, Maurice (1859–1944), Diplomat, Historiker und Schriftsteller. Geboren in Paris in eine kultivierte aristokratische Familie rumänischer Emigranten, besuchte die renommierten Lycées Henri-IV und Louis-le-Grand und studierte dann Jura. 1880 begann er seine Arbeit für das französische Außenministerium, vorerst in Europa, Nordafrika und China, ab 1914 als Botschafter am russischen Zarenhof. Das Tagebuch, das er in seinen drei Jahren in St. Petersburg führte, ist noch heute ein wichtiges historisches Dokument über Russlands Rolle im Ersten Weltkrieg und die letzten Tage des Zarenreiches. Neben seiner Diplomatenlaufbahn war Paléologue auch in literarischen Kreisen aktiv: Er schrieb Beiträge für *La Revue des deux Mondes* sowie eigene Romane und Essays. 1928 wurde er in die Académie française gewählt. Paléologue starb gegen Ende des Zweiten Weltkriegs, kurz nachdem die Stadt befreit worden war, in Paris.

Pasternak, Boris (1890–1960), Dichter, Übersetzer, Schriftsteller. Pasternak wurde in eine kultivierte Moskauer Intellektuellenfamilie geboren und wurde erst von seinen Eltern und Privatlehrern unterrichtet, bevor er am Fünften Moskauer Gymnasium eine vorwiegend klassische Ausbildung erhielt. Von Alexander Skrjabin, einem engen Freund der Familie, inspiriert, studierte der junge Pasternak vorerst Musik mit Schwerpunkt Komposition. 1909 jedoch begann er das Studium der Rechtswissenschaften, dann Philosophie an den Universitäten Moskau und Marburg. Mit 20 entstanden die ersten Gedichte, die anfangs stark vom Symbolismus eines Alexander Blok beeinflusst waren, später jedoch einen ausgesprochen unabhängigen lyrischen Stil fanden. Obwohl er in erster Linie Dichter war, ist Pasternak außerhalb Russlands am meisten für seinen Roman *Doktor Schiwago* bekannt geworden, der ihm 1958 den Nobelpreis einbrachte (und den er gezwungenermaßen ablehnen musste). Wie später bekannt wurde, war das Nobelpreis-Komitee von den britischen und amerikanischen Geheimdiensten manipuliert worden, um die Sowjetregierung bloßzustellen. Trotz Druck und Angriffen der Behörden verweigerte Pasternak das Exil. Er starb im Dörfchen Peredelkino bei Moskau an Lungenkrebs.

Puschkin, Alexander (1799–1837) gilt als Stammvater der modernen russischen Literatur sowohl in der Prosa als auch in seinem bekannteren Genre, der Dichtung. Sein Schaffen, darunter sein vielleicht berühmtestes Werk, der Versroman *Eugen Onegin*, hatte auch entsprechenden Einfluss auf die gesamte russische Sprache. Als Kind einer Moskauer Adelsfamilie besuchte er das Kaiserliche Lyzeum in Zarskoje Selo bei St. Petersburg, der Stadt, die ihm zu Ehren in Puschkin umbenannt wurde. Puschkins liberale politische Ansichten zwangen ihn ins Exil im Kaukasus, und seine wohlwollende Haltung gegenüber dem Atheismus trug ihm zwei Jahre Hausarrest ein. Puschkin wurde in seinem 29. Duell durch einen Schuss tödlich verwundet. Er wurde nahe Pskow beerdigt.

Reed, John (1887–1920), Harvard-Absolvent, amerikanischer Journalist und Sympathisant der Bolschewiken. Der Ehemann der Journalistin Louise Bryant ist heute vor allem für seinen Augenzeugenbericht über die Oktoberrevolution von 1917 bekannt. Er starb am Typhus in Moskau und wurde im Heldengrab auf dem Roten Platz beigesetzt.

Sologub, Fjodor, nom de plume des Fjodor Kusmitsch Teternikow (1863–1927), symbolistischer Romanautor und Dichter. Geboren in ärmlichen Verhältnissen in St. Petersburg als Sohn eines Schneiders und ehemaligen Leibeigenen und einer analphabetischen Dienstmagd. Sologub besuchte das St. Petersburger Pädagogische Institut und arbeitete 25 Jahre lang als Lehrer und Schulinspektor. In seiner Freizeit schrieb er. Seine Werke waren gelegentlich sensationsheischend und oft kontroversiell, aber hoch angesehen, er wurde oft mit Gogol verglichen. Obwohl Sologub selbst Anti-Bolschewik war, bekleidete er Ämter beim St. Petersburger Schriftstellerverband, und auch sein Werk wurde weiter veröffentlicht. Er starb als umjubelter Schriftsteller und Übersetzer in seiner Geburtsstadt.

Tennyson, Alfred (1809–92), Lyriker und erzählerischer Dichter. Wurde in eine gutsituierte Rektorenfamilie in Lincolnshire geboren und studierte nach dem Besuch des örtlichen Gymnasiums am Trinity College in Cambridge.

Gemeinsam mit zwei seiner Brüder veröffentlichte er mit 17 eine erste Gedichtsammlung. Als Lieblingsdichter von Queen Victoria wurde er nach Wordsworths Tod 1850 zum Hofdichter ernannt. 1884 wurde er als erster Schriftsteller in den Ritterstand erhoben und erhielt einen Sitz im britischen Oberhaus. *The Charge of the Light Brigade,* eines seiner bekanntesten Werke, erzählt vom Drama der hoffnungslos verlorenen britischen Kavalleriebrigade im Kampf gegen die russischen Streitkräfte in der Schlacht von Baklawa im Krimkrieg vom 15. Oktober 1854. Tennyson dichtete bis ins hohe Alter. Er liegt im Londoner Westminster Abbey begraben.

Tolstoi, Leo (1828–1910), Schriftsteller des Realismus, Autor von *Krieg und Frieden* und *Anna Karenina.* Tolstoi wurde in Jasnaja Poljana, dem Landsitz seiner adeligen Vorfahren in der Region Tula südlich von Moskau geboren. Er studierte kurz an der Kasaner Universität, trat dann jedoch der Armee bei und diente im Krimkrieg, um dann wieder nach Jasnaja Poljana zurückzukehren. In seinen späteren Jahren verschrieb er sich ganz dem asketischen und pazifistischen Christentum. Entschlossen, sein Gut zu verlassen und zukünftig als armer Wanderer zu leben, erkrankte Tolstoi in einem nahegelegenen Bahnhof tödlich. Er liegt in Jasnaja Poljana begraben.

Tschechow, Anton (1860–1904), schrieb Kurzgeschichten und einige von Russlands berühmtesten Theaterstücken, darunter *Onkel Wanja* und *Der Kirschgarten.* Tschechow wurde in Taganrog am Asowschen Meer in Südrussland geboren, verbrachte aber den Großteil seines Erwachsenenlebens in Moskau und auf seinem Anwesen in Melichowo nahe Moskau. Tschechow war seit seiner Jugend ein berufsmäßiger Schriftsteller, absolvierte jedoch auch eine Ausbildung zum Arzt und sorgte so später für die kostenlose medizinische Versorgung der Landarbeiter im Umkreis seines Landsitzes. 1890 unternahm er eine wichtige Reise zur Strafkolonie auf der Pazifikinsel Sachalin und erfasste dort Daten im Rahmen einer Volkszählung. Tschechow erlag im Kurort Badenweiler im Schwarzwald der Tuberkulose und wurde in Moskau begraben.

Witte, Graf Sergei (1849–1915), Finanzminister und späterer Regierungschef im zaristischen Russland. Witte wurde in Tiflis, dem damaligen Verwaltungszentrum des Vizekönigreichs Kaukasus, geboren, wo sein Vater einen wichtigen Beamtenposten innehatte. Er wurde privat unterrichtet und schrieb sich dann zum Mathematikstudium an der Neurussischen Universität in Odessa ein. Mit Hilfe eines einflussreichen Onkels stieg er ins aufkeimende Eisenbahngeschäft ein und schrieb politische Artikel für ein progressives Regionalblatt. 1888 wurde er nach etwa 15 Jahren Arbeit für private Unternehmen in Kiew und St. Petersburg Direktor der Staatlichen Eisenbahn. Später, als Finanzminister und Regierungschef, regte er wichtige Wirtschaftsreformen an, sprach sich aber gegen eine Erweiterung des Zarenreichs nach Osten aus. Dies trug ihm die Feindschaft der Konservativen innerhalb der Regierung sowie der privaten Landbesitzer ein und führte schließlich zu seinem Rücktritt im Jahr 1906. Seine hoch gelobten Memoiren wurden 1921 in englischer Sprache erstveröffentlicht.

Literarische Quellen

Anna Achmatowa, *Im Spiegelland: Ausgewählte Gedichte,* hrsg. Efim G. Etkind, Piper, München, 1988

Anna Achmatowa, *Die roten Türme des heimatlichen Sodom,* Oberbaum Verlag, Berlin, 1988

Aleksandra, Zarin, *Alexandra, die letzte Zarin, Briefe und Tagebücher 1914–18,* hrsg. Hans-Dieter Schütt, Ullstein, Frankfurt am Main und Berlin, 1994

Leonid Andrejew, in *Gorkis Reminiscences,* i.e. Maxim Gorki, *Gorky's Tolstoy and other Reminiscences: Key writings by and about Maxim Gorky,* trans. and ed. by Donald Fanger, Yale Univ. Press, New Haven and London, 2008

Anonym, *Confession sexuelle d'un anonyme russe* (Collection: Lectures amoureuses de Jean-Jacques Pauvert), Éditions La musardine, Paris, 1997

F. M. Bailey, *Mission to Tashkent,* The Folio Society, London, 1999

Nicolas de Basily, *Memoirs,* Hoover Institution Press, Stanford University, California, 1973

Andrej Belyj, *Petersburg,* übersetzt von Gabriele Leupold, Insel Verlag, Frankfurt am Main und Leipzig, 2001

Aleksandr Blok, *Gedichte, Poeme,* hrsg. Fritz Mierau, Verlag Volk und Welt, Berlin, 1978

Valerij Brjusov (Valery Bryusov, Waleri Brjussow), *The Diary (1893–1905), with reminiscences by V. F. Khodasevich and Marina Tsvetaeva,* ed. and trans. Joan Delaney Grossman, University of California Press, Berkeley and Los Angeles, 1980

Louise Bryant, *Eine Amerikanerin in Rußland: Reportagen aus dem Roten Oktober,* übersetzt von Peter Brollik, Prometh Verlag, Köln, 1982

Michail Bulgakov, *Manuskripte brennen nicht: Eine Biographie in Briefen und Tagebüchern,* übersetzt und hrsg. von Julie Curtis, Fischer, Frankfurt am Main, 1991

Astolphe de Custine, Marquis, *Lettres de Russie,* textes établies et présentées par Henri Massis, Livre Club du Librairie, Paris, 1960

Anna Dostojewski, *Erinnerungen: Das Leben Dostojewskis in den Aufzeichnungen seiner Frau,* übersetzt von Dmitri Umanski, Piper Verlag, München, 1980

Fjodor Dostojewski, *Aufzeichnungen aus einem Totenhaus,* Piper Verlag, München, 1992

Wladimir Giljarowski, *Moskau und die Moskauer,* Verlag Höchste Schule, Minsk, o.J.

Nikolaij Gogol, ‚Der Newskijprospekt', in *Sämtliche Erzählungen,* Winkler Verlag, München, 1979

Maksim Gorki, *Gorky's Tolstoy and other Reminiscences: Key writings by and about Maxim Gorky,* trans. and ed. by Donald Fanger, Yale Univ. Press, New Haven and London, 2008

Alexander Herzen, *Mein Leben: Memoiren und Reflexionen,* übersetzt von Hertha von Schulz, Aufbau Verlag, Berlin, 1962–63

Marina de Heyden, *Les rubis portent malheur: Au crépuscule d'une cour,* Éditions Regain, Monte Carlo, 1967

Alexander Kerensky, *The Kerensky Memoirs: Russia and History's Turning Point,* Cassell, London, 1966

Wladimir Majakowskij, *Liebesbriefe an Lilja 1917–1930,* hrsg. und übertragen von Karl Dedecius, Deutscher Taschenbuch Verlag, München, 1965

Michail Lermontow, *Gedichte,* übersetzt von Kay Borowsky und Rudolf Pollach, Reclam, Stuttgart, 2000

R.H. Bruce Lockhart, *Memoirs of a British Agent,* Folio, London, 2003

Ossip Mandelstam, *Der Stein: Frühe Gedichte 1908–1915,* aus dem Russischen übertragen und hrsg. von Ralph Dutli, Ammann Verlag, Zürich, 1988

Vladimir Nabokov, *Sprich, Erinnerung, sprich: Wiedersehen mit einer Autobiographie,* aus dem Englischen von Dieter E. Zimmer, Rowohlt, Reinbek bei Hamburg, 1984

Nikolaus II., Zar, *Journal intime de Nicolas II,* trad. A. Pierre, Payot, Paris, 1925

Maurice Paléologue, *Am Zarenhof während des Weltkrieges: Tagebücher und Betrachtungen von Maurice Paléologue, Französischer Botschafter in Petersburg,* übersetzt von L. Rottenberg, 3. Auflage, 3 Bände, Verlag F. Bruckmann AG, München, 1927

Boris Pasternak, *Doktor Schiwago,* übersetzt von Reinhold von Walter, Buchgemeinschaft Donauland, Wien, 1991

Boris Pasternak, *Definition der Poesie,* übersetzt von Christine Fischer, Pano Verlag, Zürich, 2007

Aleksandr Puschkin, *Der eherne Reiter: Petersburger Erzählungen,* übersetzt von Rolf-Dietrich Keil, Insel Verlag, Frankfurt am Main, 2003

John Reed, *Zehn Tage, die die Welt erschütterten,* übersetzt von Willi Schulz, Dietz, Berlin, 1958

Fjodor Sologub, *Der kleine Teufel,* übertragen von Ortrud Rohl, Winkler Verlag, München, 1969

Alfred, Lord Tennyson, *Ausgewählte Dichtungen,* aus dem Englischen von Adolph Strodtmann, Bibliographisches Institut, Leipzig, 19. Jh.

Leo Tolstoi, *Anna Karenina,* übertragen von Fred Ottow, Buchgemeinschaft Donauland, Wien, 1959

Leo Tolstoi, *Die Kosaken: Erzählungen,* übersetzt von Arthur Luther, Diogenes Verlag, Zürich, 1985

Anton Tschechow, *Briefe 1889–1892,* herausgegeben und übersetzt von Peter Urban, Diogenes, Zürich, 1979, 1998

Anton Tschechow, *Die Vaterlosen [Platonov],* übersetzt und herausgegeben von Peter Urban, Diogenes, Zürich, 1995

Anton Tschechow, *Die großen Dramen,* übertragen und bearbeitet von Thomas Brasch, Insel Verlag, Frankfurt am Main und Leipzig, 2004

Marija Tschechowa, *Mein Bruder Anton Tschechow,* Kindler, Berlin, 2004

Sergej Witte, Graf, *Erinnerungen,* übertragen von Herbert von Hoerner, Verlag Ullstein, Berlin, 1923

Archive und Bildquellen

Beinecke Rare Book and Manuscript Library, Yale University, New Haven, CT: Schutzumschlagvorderseite, Seite 4 (2. v.o.), 15 o., 45, 48 (2), 49, 50 (3), 51, 52, 53, 174; Ghetto Fighters House Archive: Seite 111; Andrew Howe: Seite 33 o., 37 o., 215 (2), 217 o., 222 u., 222/223, 224 u., 225, 238 u., 238/239; Imagno / Austrian Archives, Wien: Seite 2, 4 u., 5 (2. und 5.v.o.), 6/7, 10/11, 15 u., 18 r.o., 18 r.u., 19, 21, 23, 25, 26/27, 36 u., 38, 39 r.o., 40 o., 42/43, 44 r., 46 l.u., 47, 55 u., 57, 62 (2), 72, 73 o., 88, 89, 90 u., 92 l.o., 92 r.M., 100/101, 101 u., 103 u., 105, 106, 114 u., 115 u., 116 (2), 118 o., 120, 126 u., 127, 128, 129, 139, 154, 155, 156 (3), 156/157, 161 o., 164, 165, 166, 169 (3), 170 u., 175 l.u., 175 o., 177, 181 (2), 187 u., 197, 198, 201, 206/207, 210/211, 212 o., 212 u., 213, 214, 216 (2), 217 u., 218, 219 (2), 220, 221 (3), 222 o., 224 o., 226 (2), 226/227, 228, 229, 231 u., 232 (2), 233, 234, 235 (3), 236, 237 u., 238 o., 240 (2), 241, 242/243, 243; Imagno / Photoinstitut Bonartes: Seite 8/9, 34, 36 o., 42 u., 56, 85 (2), 104, 115 o., 132 u., 135, 171 u., 172 u., 200; Imagno / Franz Hubmann: Seite 87 r.o., 92 r.o., 92 r.u., 110 (2); Imagno / ÖNB: Seite 55 o.; Imagno / Ullsteinbild: Seite 31, 32, 33 l.u., 33 r.u., 35 M., 40 u., 46 o., 54 (2), 63, 172 u.; Wikipedia / Sergey Lvovich Levitsky: Seite 18 l.; Keystone-Mast Collection, UCR / California Museum of Photography, University of California, Riverside: Seite 73 l.u., 94 u., 98, 101 o., 102, 103 r.o., 117 (2), 118 u. (2), 159 r.; Leeds University: Seite 80, 81 (4), 82/83; Library of Congress, Prints and Photographs Division, Washington, DC, Armenian Relief Committee: Seite 132 o., 133 r.; Library of Congress, Prints and Photographs Division, Washington, DC, Bain Collection: Seite 41, 44 l., 46 r.u.; Library of Congress, Prints and Photographs Division, Washington, DC, Carpenter Collection: Seite 87 l.o., 87 u; Library of Congress, Prints and Photographs Division, Washington, DC, Photochrom Prints: Seite 4 (5. v.o.), 24 (2), 27, 42 o., 84/85, 94 o., 96 (2), 97, 99 (2), 107, 108 (2), 109, 122, 134 o., 137, 207 (2); Library of Congress, Prints and Photographs Division, Washington, DC, Prokudin-Gorkii Collection: Schutzumschlagrückseite, Seite 4 (4. v.o.), 5 o., 5 (4. v.o.), 5 u., 14, 58 (2), 58/59, 60, 61, 64 (2), 65, 66 (2), 67, 68/69, 69, 70, 71 (2), 73 r.u., 74, 75 (2), 76, 77, 78/79, 79, 86, 90 o., 103 l.o., 114 o., 121, 123, 124, 125 (2), 130 o., 130 l.u., 131, 136, 138, 140 (2), 141, 142, 143 (2), 144, 145, 146/147, 148/149, 149 (2), 150, 151 (2), 152, 153 (4), 167 M., 168/169, 176, 178/179, 179 (2), 180, 182, 183, 184, 185 (2), 186, 187 o., 188/189, 189 (2), 190 (2), 191, 192, 193, 194 (2), 195, 202, 203, 204, 205 (2); Library of Congress, Prints and Photographs Division, Washington, DC, Fenton Krimean War Photographs: Seite 17, 112 (2); Library of Congress, Prints and Photographs Division, Washington, DC, Stereograph Cards: Seite 93 r.o., 93 u., 162 o., 163; Library of Congress, Prints and Photographs Division, Washington, DC, George Kennan Papers: Seite 16, 159 l., 161 u., 167 o.; Library of Congress, Prints and Photographs Division, Washington, DC, National Photo Company Collection: Seite 95; Library of Congress, Prints and Photographs Division, Washington, DC, Underwood & Underwood: Seite 162 u., 175 r.u., 211; Mapping St. Petersburg / www.petersburg.berkeley.edu: Seite 35 l.o., 35 r.o., 35 l.u., 35 r.u.; Meyers Konversations-Lexikon, Band XVII. Sechste Auflage. Bibliographisches Institut: Leipzig und Wien 1906: Seite 12/13; Nevsky Prospekt / www.nevsky-prospekt.com: Seite 22, 29, 39 u.; Rosphoto, St. Petersburg: Seite 4 (3. v.o.), 28/29, 30; Zeno, Berlin: Seite 4 (2. v.o.), 5 (3. v.o.), 20, 37 u., 39 l.o., 91, 93 l.o., 113, 119, 126 o., 130 r.u., 133 l., 134 u., 146, 158, 160, 167 u., 170 o., 171 o., 172 o., 173, 196, 199, 208 (2), 209, 230, 231 o. (3), 237 o.

Dank & Impressum

Dank an
Aurelia Batlogg-Windhager
Prof. Dr. Bert G. Fragner
Elisabeth Hölzl
Andrew M. Howe
Tanja Star-Busman

Bibliografische Information der Deutschen Nationalbibliothek
Die Deutsche Nationalbibliothek verzeichnet diese Publikation in der Deutschen Nationalbibliografie; detaillierte bibliografische Daten sind im Internet über http://dnb.d-nb.de abrufbar.

1. Auflage

Bildrecherche: Christian Brandstätter, Helmut Maurer, Philipp Blom und Veronica Buckley
Grafische Gestaltung: Christian Brandstätter
Technische Betreuung: Franz Hanns
Übersetzung der Kapiteleinleitungen (mit Ausnahme von Russisches Zentralasien sowie Moskau und Umgebung) und Biografien aus dem Englischen:
Aurelia Batlogg-Windhager
Lektorat: Elisabeth Hölzl

ISBN 978-3-902510-71-6

Christian Brandstätter Verlag
GmbH & Co KG
A-1080 Wien, Wickenburggasse 26
Telefon (+43-1) 512 15 43-0
Telefax (+43-1) 512 15 43-231
E-Mail: info@cbv.at
www.cbv.at

Printed in China